12 Btles
1996
HAUT-MÉDOC
CRU CLASSE EN 1855

Mein Nutzgarten für zu Hause

Mein Nutzgarten für zu Hause

Kreative Indoor-Projekte für Obst, Gemüse und Kräuter

ZIA ALLAWAY

DK

DK Penguin Random House

DK London

Lektorat Mary-Clare Jerram, Dawn Henderson, Angela Wilkes, Susannah Steel, Alice Horne

Gestaltung und Bildredaktion Marianne Markham, Maxine Pedliham, Sonia Moore, Alison Gardner, Rehan Abdul

Umschlaggestaltung Nicky Powling

Herstellung Catherine Williams, Ché Creasey

Für die deutsche Ausgabe:

Programmleitung Monika Schlitzer

Redaktionsleitung Caren Hummel

Projektbetreuung Manuela Stern

Herstellungsleitung Dorothee Whittaker

Herstellungskoordination Katharina Schäfer

Herstellung Stefanie Staat

Titel der englischen Originalausgabe:
Indoor Edible Garden

Übersetzung Reinhard Ferstl

Lektorat Christine Ritter

ISBN 978-3-8310-3498-7

Druck und Bindung Hung Hing Printing Group, China

Besuchen Sie uns im Internet
www.dorlingkindersley.de

Hinweis

Die Informationen und Ratschläge in diesem Buch sind von den Autoren und vom Verlag sorgfältig erwogen und geprüft, dennoch kann eine Garantie nicht übernommen werden. Eine Haftung der Autoren bzw. des Verlags und seiner Beauftragten für Personen-, Sach- und Vermögensschäden ist ausgeschlossen.

Inhalt

Erst probieren
Seien Sie zunächst vorsichtig, wenn Sie etwas Neues ausprobieren: Sie könnten allergisch reagieren – oder etwas schmeckt Ihnen ganz einfach nicht. Schwangere oder Menschen mit Erkrankungen sollten im Zweifelsfall einen Arzt konsultieren.

Weiter »

3

4

5

Obst 164

6

Expertentipps 196

Einführung

Sie leben in einer **Wohnung ohne Balkon und Garten** oder möchten einmal ein paar Gemüsedelikatessen im Winter heranziehen? Hier erfahren Sie, wie Sie eine Vielzahl von **Köstlichkeiten drinnen anbauen** können. Die meisten hier beschriebenen Projekte sind kinderleicht umzusetzen, Sie brauchen also keinerlei Vorkenntnisse.

Nichts geht über den Geschmack einer frisch geernteten Tomate oder eines Kopfsalats, der nur Minuten bevor er in die Salatschüssel gewandert ist, abgeschnitten wurde. Wer ein paar einfache Leckereien in seiner Wohnung kultiviert, braucht nur den Arm auszustrecken und zuzugreifen. Dieses Buch zeigt Ihnen, wie Sie von Kräutern auf der Fensterbank bis zu Auberginen im hellen Esszimmer alles im Haus heranziehen können. Für jedes Indoor-Projekt ist der Schwierigkeitsgrad angegeben, was die Auswahl erleichtert. Sie erfahren alles, was Sie wissen müssen, um die unterschiedlichsten Genüsse erfolgreich zur Erntereife zu bringen.

Sicher, das Heimgärtnern erfordert im Gegensatz zum Kochen oder Dekorieren ein paar laufende Arbeiten. Aber dieses Problem ist schnell gelöst: Wer einen vollen Terminkalender hat, sucht sich eben Pflanzen, die mit wenig Wasser und Nährstoffen auskommen, etwa Kräuter oder essbare Blüten. Und: Experimentieren Sie!

Das Schöne am Gärtnern ist ja gerade, dass man vieles unbekümmert ausprobieren kann. Sie werden staunen, was Ihnen alles gelingt – und welche Pflanzen drinnen gedeihen. Warum nicht neben Bewährtem wie Blattsalaten, Erdbeeren und Tomaten auch einmal ein, zwei Exoten eine Chance geben? Kapstachelbeeren liefern kleine Naschereien in papierartigen Hüllen und sogar Zitrusgehölze tragen Früchte, sofern ihnen die Bedingungen behagen.

Wie Untersuchungen gezeigt haben, tut das Gärtnern Körper und Geist gut – ob drinnen oder draußen. Wer in den eigenen vier Wänden Essbares heranzieht, hat sogar noch einen Vorteil: Er verausgabt sich nicht beim mühsamen Umgraben und kann sich trotzdem über Erfolgserlebnisse freuen, etwa beim Ansäen. Außerdem beruhigt der Umgang mit Pflanzen die Nerven – Gärtnern ist eine der wirkungsvollsten Therapien für Gestresste. Sie müssen nur noch umblättern und loslegen!

Indoor-Gärten planen

In diesem Kapitel erfahren Sie, wie viel Platz und Licht Sie für einen Mini-Nutzgarten in der Wohnung brauchen. Und wir stellen eine große Auswahl dekorativer Pflanzgefäße für den stilvollen Anbau der Köstlichkeiten vor.

Mögliche Standorte

Für jede Wohnung gibt es die passenden Obst- und Gemüsepflanzen. Einzige Voraussetzung: Es muss genug **natürliches Tageslicht** vorhanden sein. Als **»Anbauzonen«** kommen **Fensterbänke,** Standorte unter einem **Oberlicht,** helle **Zimmer** und – sofern Pflanzenlampen installiert werden – sogar **dunkle Ecken** in Betracht.

Zonen mit viel Sonnenlicht

Dazu gehören nach Süden gehende Zimmer, Räume mit großen West- oder Ostfenstern und Bereiche unter Oberlichtern. Hier fühlen sich die meisten Gewächse wohl. Sie bekommen vor allem im Frühjahr und Sommer einen Großteil des Tages viel natürliches Licht.

Zone 1 – SÜDFENSTER

Zone 2 – OST- UND WESTFENSTER

Zone 3 – UNTER EINEM OBERLICHT

Zonen mit mäßigem Sonnenlicht

Für Räume mit kleineren Ost- oder Westfenstern wählt man Nutzpflanzen wie Blattsalate, die mit Halbschatten zurechtkommen. Sonnenanbeter fruchten hier eventuell auf Fensterbänken. In Zimmern, die nach Norden gehen, sind Pflanzenlampen ratsam.

Zone 4 – WÄNDE

Zone 5 – DUNKLE ECKEN

Zone 6 – RAUMMITTE

Kühle Zonen

Außenfensterbänke und unbeheizte Räume eignen sich unter anderem für Obstbäume, die im Winter in eine Ruhephase treten, und für Pflanzen, die von Insekten bestäubt werden.

Zone 7 – KÜHLE SÜDZIMMER

Zone 8 – AUSSEN FENSTERBÄNKE

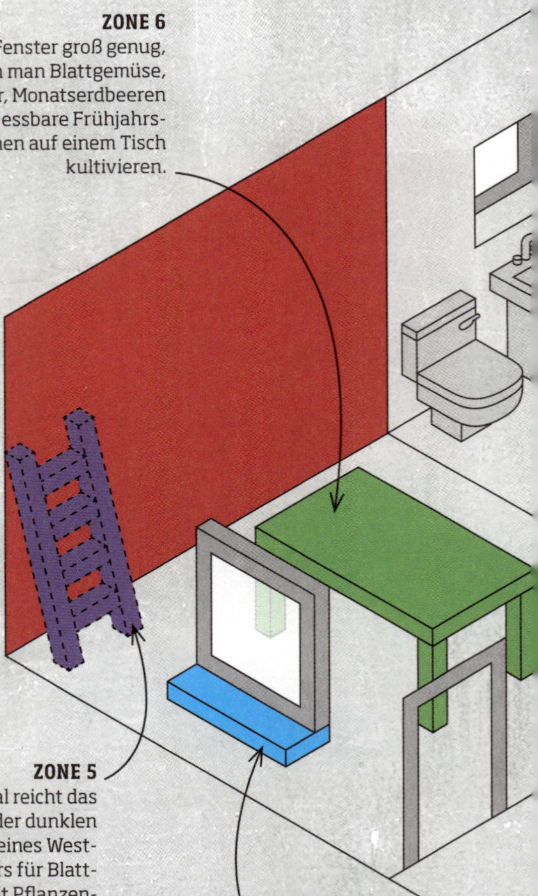

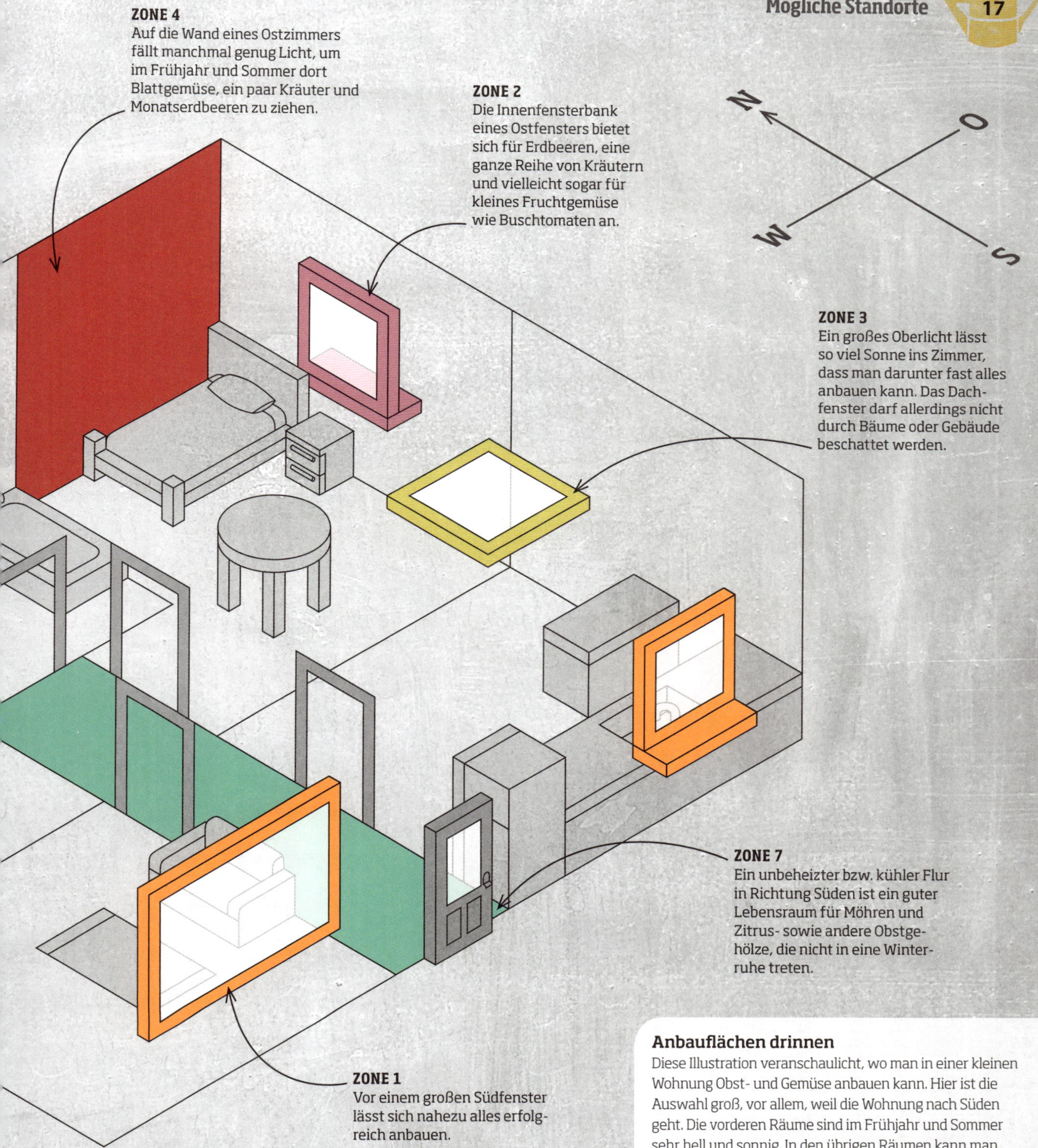

Anbauflächen drinnen

Diese Illustration veranschaulicht, wo man in einer kleinen Wohnung Obst- und Gemüse anbauen kann. Hier ist die Auswahl groß, vor allem, weil die Wohnung nach Süden geht. Die vorderen Räume sind im Frühjahr und Sommer sehr hell und sonnig. In den übrigen Räumen kann man noch Blattgemüse anbauen, das weniger Licht braucht.

Zonen mit viel Sonnenlicht

Sehen Sie sich Ihre Wohnung tagsüber genau an: **Wo sind die hellsten, sonnigsten Stellen?** Zimmer mit **mindestens sechs Stunden direkter Sonne** eignen sich für lichthungrige Pflanzen am besten. Dazu gehören die meisten **Obstpflanzen,** ferner **Kräuter** und **Fruchtgemüse** wie Tomaten, Auberginen oder Paprika.

Zone 1 Südfenster

Obst, essbare Blüten und Kräuter gedeihen in den meisten Fällen vor einem Südfenster (für Salatgemüse hingegen kann es dort schon zu heiß und hell sein). Im Sommer, wenn Pflanzen viel Sonne für gute Laub- und Fruchtentwicklung brauchen, haben sie hier fast den ganzen Tag Licht.

GEEIGNET FÜR

- **die meisten Kräuter S. 32-75**
- **essbare Blüten (Sommerblüten) S. 32-75**
- **Fruchtgemüse S. 122-163**
- **Obst (ausgenommen Monatserdbeeren) S. 164-195**

Zone 2 Ost- und Westfenster

Hier scheint zwar nicht den ganzen Tag die Sonne, doch während der Hauptwachstumsperiode im Frühjahr und Sommer reicht die Lichtdosis für die unten aufgelisteten Gruppen aus. Damit möglichst viel Licht in den Raum fällt, sollten Vorhänge zurückgezogen und Jalousien offen bleiben.

GEEIGNET FÜR

- **die meisten Kräuter S. 32-75**
- **essbare Blüten S. 32-75**
- **Sprossen-, Blatt- und Wurzelgemüse S. 76-121**
- **Fruchtgemüse S. 122-163**
- **Obst S. 164-195**

Zone 3 Unter einem Oberlicht

Oberlichter und Dachfenster sind Gold wert, denn sie lassen den ganzen Tag gleichmäßig viel Licht herein, was das Wachstum fördert. Unter ihnen herrschen ideale Bedingungen für Sonnenanbeter wie Obst und Fruchtgemüse. Blattgemüse dagegen leidet, wenn es ihm zu heiß wird.

GEEIGNET FÜR

- **Kräuter S. 32-75**
- **essbare Blüten S. 32-75**
- **Sprossen-, Blatt- und Wurzelgemüse (falls der Raum nicht zu warm ist) S. 76-121**
- **Fruchtgemüse S. 122-163**
- **Obst (ausgenommen Monatserdbeeren) S. 164-195**

Mittelmeermix S. 132-133

Orangen in Gefäßen S. 180-181

Minigurken in Kisten S. 156-157

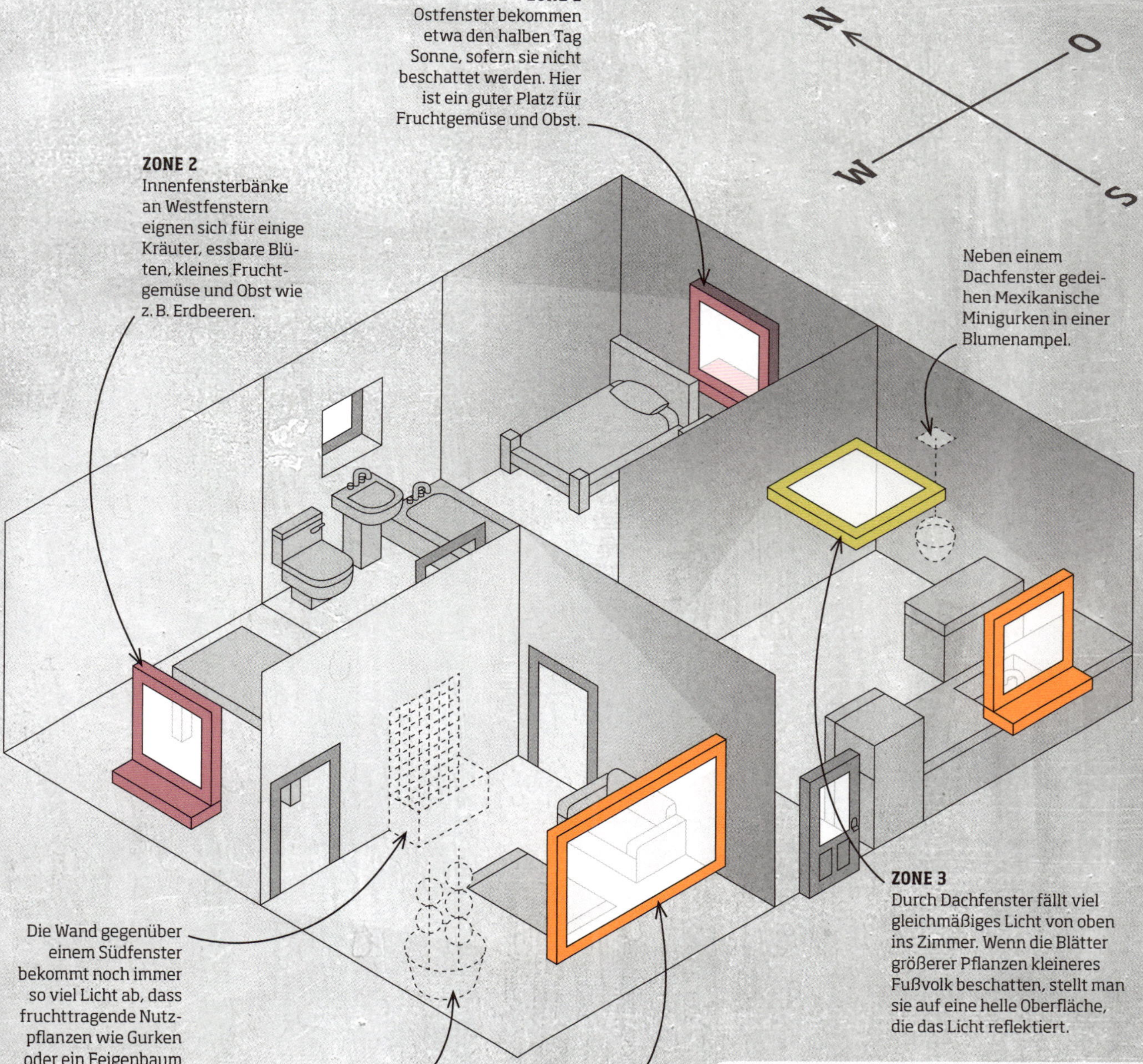

Anbau in hellen Räumen

Diese Illustration zeigt, wo es in Wohnungen am hellsten ist. Damit es auch hell bleibt, sollten Sie Jalousien hochgezogen und Vorhänge tagsüber und nachts offen lassen. Pflanzen reagieren empfindlich auf ihre Umgebung, weshalb ein Quäntchen zusätzliche Sonne schon den Unterschied zwischen guter und schlechter Ernte ausmachen kann.

Zonen mit mäßigem Sonnenlicht

Selbst Bereiche, die lediglich **etwas Sonne abbekommen,** oder sogar **dunkle Ecken** fast ohne direktes Licht müssen nicht ungenutzt bleiben: Hier bringen **Spiegel** oder **Pflanzenlampen** zusätzliches Licht. Wählen Sie außerdem **Gewächse** wie Blattsalate, die mit **Halbschatten** zurechtkommen.

Zone 4 Wände

Welche Nutzpflanzen eignen sich für Wandflächen? Das hängt davon ab, in welche Richtung sie zeigen und wie weit eine natürliche Lichtquelle entfernt ist. Eine Südwand zählt als Zone 1, bei einer Ost- oder Westwand mit wenig Sonne oder einer Nordwand ist die Auswahl stärker begrenzt.

GEEIGNET FÜR

- **schattenverträgliche Kräuter (z. B. Minze S. 66, Petersilie S. 72)**
- **Sprossen S. 80-83**
- **Salatblätter S. 96-97**
- **kleines Wurzelgemüse wie Radieschen S. 110-111**
- **Monatserdbeeren S. 168-171**

Monatserdbeeren S. 168-171

Zone 5 Dunkle Ecken

Nur Pilze wachsen in düsteren Winkeln mit wenig oder gar keiner direkten Sonne. Wesentlich größer wird die Auswahl, wenn man Pflanzenlampen installiert. Die meisten Leuchten eignen sich für kleine Pflanzen, deshalb sollte man kompakte Vertreter wie Kräuter oder Blattsalate wählen.

GEEIGNET FÜR

- **Kräuter und essbare Blüten S. 32-75**
- **Sprossen S. 88-89**
- **Pilze (gedeihen auch ohne Pflanzenlampen) S. 118-121**
- **Blattsalate S. 96-97**
- **Buschtomaten S. 138-141**
- **Chilis S. 130-31**
- **Gemüsepaprika S. 162-63**

Blattsalate S. 90-95

Zone 6 Raummitte

Blattsalate, Sprossen und Wurzelgemüse schlagen sich in der Mitte eines Raums mit großem Ost- oder Westfenster wacker. (Die Mitte eines nach Süden gehenden kleinen Raums gehört zu Zone 1, während die Mitte eines Nordzimmers für die meisten Nutzpflanzen zu dunkel ist.)

GEEIGNET FÜR

- **schattenverträgliche Kräuter (z. B. Minze S. 66, Petersilie S. 72)**
- **essbare Frühlingsblüten S. 56-57**
- **essbare Orchideen S. 52-55**
- **Sprossen, Blätter und einige Wurzeln S. 76-117**
- **Monatserdbeeren S. 168-171**

Asia-Salate S. 98-101

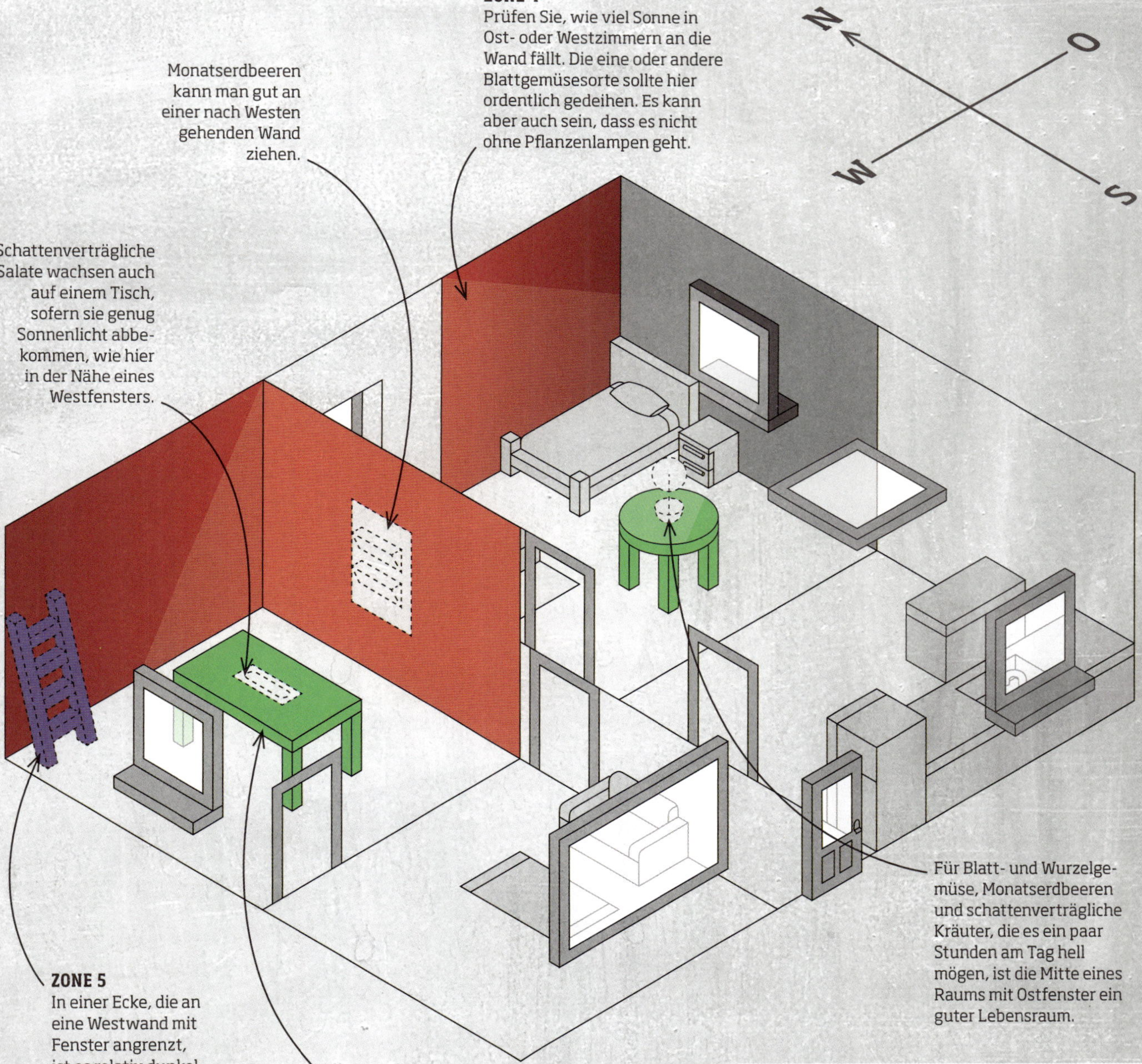

ZONE 4
Prüfen Sie, wie viel Sonne in Ost- oder Westzimmern an die Wand fällt. Die eine oder andere Blattgemüsesorte sollte hier ordentlich gedeihen. Es kann aber auch sein, dass es nicht ohne Pflanzenlampen geht.

Monatserdbeeren kann man gut an einer nach Westen gehenden Wand ziehen.

Schattenverträgliche Salate wachsen auch auf einem Tisch, sofern sie genug Sonnenlicht abbekommen, wie hier in der Nähe eines Westfensters.

Für Blatt- und Wurzelgemüse, Monatserdbeeren und schattenverträgliche Kräuter, die es ein paar Stunden am Tag hell mögen, ist die Mitte eines Raums mit Ostfenster ein guter Lebensraum.

ZONE 5
In einer Ecke, die an eine Westwand mit Fenster angrenzt, ist es relativ dunkel. Platziert man aber eine Pflanzenlampe über einem Tisch oder Regal, kann man vielerlei Obst und Gemüse hier anbauen.

ZONE 6
Auf einen fensterhohen Tisch in der Mitte eines Westzimmers sollte genug Licht für einige Blattgemüsearten, ein paar Blüten und Kräuter sowie Monatserdbeeren fallen.

Anbau in Räumen mit mäßigem Sonnenlicht

Die farbig markierten Zonen bekommen in dunkleren Bereichen noch am meisten Sonnenlicht ab. Werden Böden oder Wände einige Stunden am Tag beschienen, kann man dort Blatt- und Wurzelgemüse ziehen. Probieren Sie, um herauszufinden, was wo wächst. Wichtig: Berücksichtigen Sie Bäume oder Gebäude, die die Fenster beschatten.

Kühle Zonen

Manche von Insekten **bestäubten** Pflanzen sind auf **Außenfensterbrettern** am besten aufgehoben, denn hier können die Bienen sie anfliegen. Gewächse vom Mittelmeer oder aus kühlen Regionen wiederum brauchen in der kalten Jahreszeit **niedrigere Temperaturen,** um im folgenden Sommer **zu fruchten.**

Zone 7 Kühle (unbeheizte) Südzimmer

Erdbeeren, einige Kräuter sowie Blatt- und Wurzelgemüse können in dieser Zone ganzjährig angebaut werden. Die meisten Obstbäume, darunter Feigen, Zitrusgehölze, Pfirsiche und Nektarinen, brauchen es im Winter kühler, damit sie im nächsten Jahr fruchten. Man siedelt sie daher aus warmen, beheizten Räumen in kühlere Zimmer um.

GEEIGNET FÜR

- **die meisten Kräuter S. 32-75**
- **Blattgemüse S. 76-105**
- **Wurzelgemüse S. 106-117**
- **Obst (den Winter über) S. 164-195**

Zone 8 Außenfensterbänke

Außenräume wie Fensterbänke leisten Indoor-Hobbygärtnern gute Dienste: Hier liefern insektenbestäubte Pflanzen bessere Erträge. Zudem senkt die gute Luftzirkulation das Risiko einer Pilzerkrankung. Empfindliche Kulturen wie Tomaten, Paprika und Mexikanische Minigurken dürfen aber erst nach draußen, wenn die Nächte frostfrei sind.

GEEIGNET FÜR

- **die meisten Kräuter und essbaren Blüten S. 32-75**
- **Blattgemüse S. 76-105**
- **Buschtomaten S. 142-143**
- **Chilis S. 130-131**
- **Gemüsepaprika S. 162-163**
- **Mexikanische Minigurken S. 156-159**
- **Erdbeeren S. 172-173**

Möhren S. 112-115

Pelargonien (»Geranien«) und Kräuter S. 42-45

Auf einer Außenfensterbank gedeihen Blattsalate problemlos. Will man im Frühsommer ernten, sät man schon im Frühjahr.

Ein Fensterkasten mit Pelargonien und nicht winterharten Kräutern, Tomaten und Chili-Pflanzen wird nach dem letzten Frost draußen platziert. Wer lieber ganzjährig Grün vor der Fensterscheibe haben möchte, setzt Erdbeeren und winterharte Kräuter hinein.

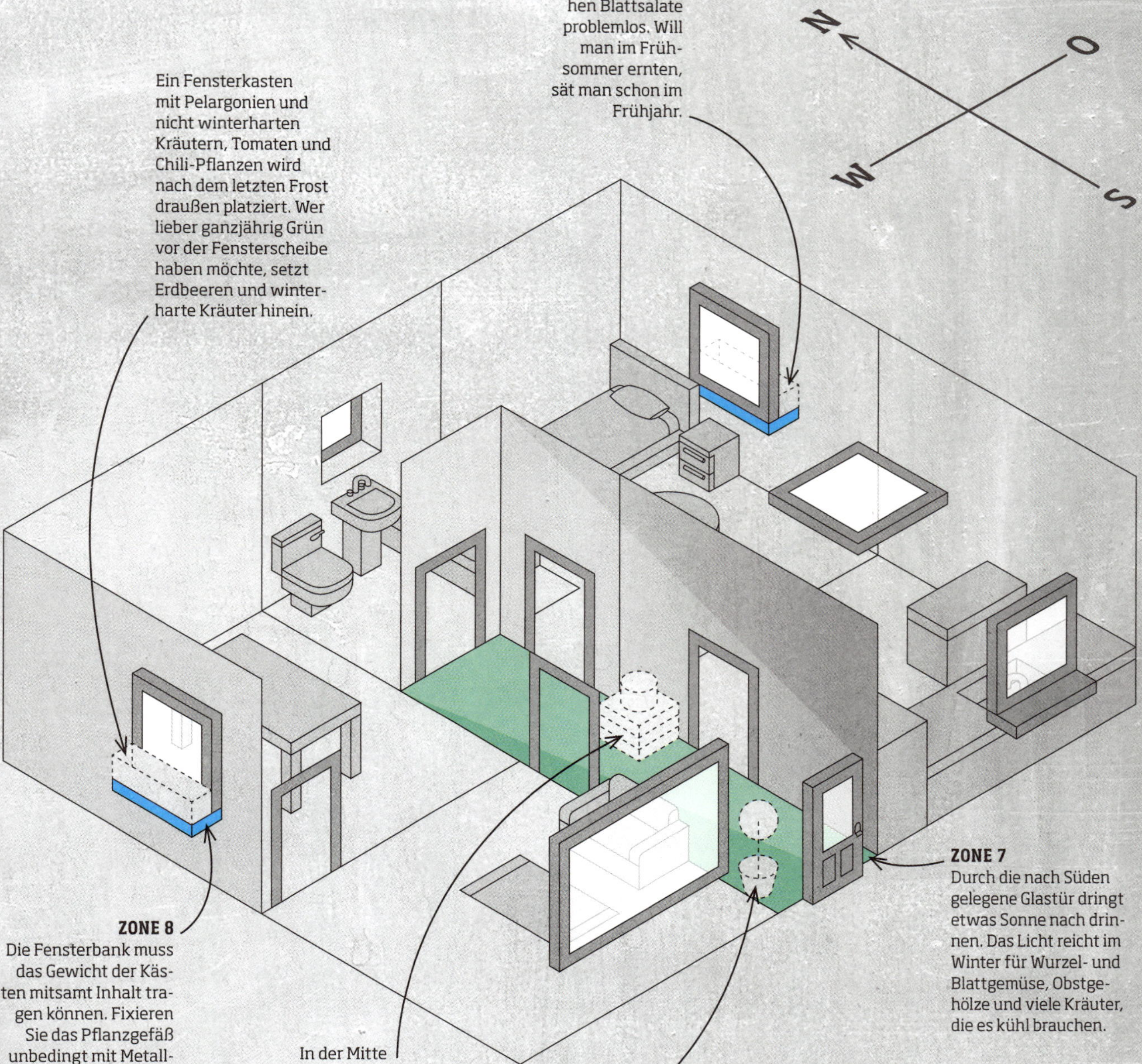

ZONE 7
Durch die nach Süden gelegene Glastür dringt etwas Sonne nach drinnen. Das Licht reicht im Winter für Wurzel- und Blattgemüse, Obstgehölze und viele Kräuter, die es kühl brauchen.

ZONE 8
Die Fensterbank muss das Gewicht der Kästen mitsamt Inhalt tragen können. Fixieren Sie das Pflanzgefäß unbedingt mit Metallhalterungen oder einem Gitter, damit es nicht herunterfallen kann.

In der Mitte eines nicht beheizten, aber hellen Flurs sollten Möhren ordentlich gedeihen.

Ein kühler, heller Flur ist wie geschaffen als Winterquartier für nicht ganz winterharte Obstpflanzen.

Anbau in kühlen Räumen

Die in dieser Illustration farbig gekennzeichneten kühlen Zonen eignen sich gut, um ein paar robustere Nutzpflanzen anzubauen beziehungsweise zu überwintern. Draußen gehören dazu kleine Abstellflächen wie gut geschützte Balkone oder Fensterbänke, drinnen helle, aber kühle Räume wie unbeheizte Flure und Gästezimmer.

Die besten Indoor-Nutzpflanzen

Die hier aufgelisteten Nutzpflanzen eignen sich allesamt **hervorragend** für die **Topfkultur** in Räumen. Die meisten **brauchen wenig Pflege.** In den einzelnen Projekten und Pflanzenporträts ist beschrieben, wie sie angebaut werden.

Kräuter und essbare Blüten

Die meisten Kräuter und essbaren Blüten sind ausgesprochen unkomplizierte Zimmerbewohner und mit einer sonnigen Fensterbank sowie ausreichend Wärme zufrieden. Minze, Orchideen und Tulpen dagegen bevorzugen einen hellen Platz ohne direkte Sonne. Mehr auf S. 32–75.

Basilikum
Einjähriges Kraut. Liefert vom Frühjahr bis in den Herbst hinein frische, würzige Blätter.
Zonen: 1, 2 und 3

Minze
Sommergrünes Kraut mit vielen frisch schmeckenden Blättern an kräftigen Stängeln. Kann von Mai bis in den Herbst abgeerntet werden.
Zonen: 2, 3, 6, 7 und 8

Oregano
Kompaktes, sommergrünes Kraut mit grünen, gelben oder panaschierten Blättern. Zieht im Winter ein.
Zonen: 1, 2, 3, 7 und 8

Petersilie
Häufiges Küchenkraut mit glattem oder gekräuseltem Laub. Beide Formen gedeihen gut in einem sonnigen Raum. Ernte Frühjahr bis Spätherbst.
Zonen: 1, 2, 3, 7 und 8

Rosmarin
Aromatisches, strauchiges Kraut mit fast nadeldünnen Blättern. Es ist zwar immergrün, doch man sollte nur zwischen März und Spätherbst ernten.
Zonen: 1, 2, 3, 7 und 8

Salbei
Immergrünes, strauchiges Kraut mit frischgrünen, violetten oder panaschierten Blättern. Ernte der neuen Blätter von Frühjahr bis Herbst.
Zonen: 1, 2, 3, 7 und 8

Schnittlauch
Blätter mit mildem Zwiebelgeschmack von April bis Herbst. Treibt jährlich im Frühjahr neu aus, zieht aber im Winter ein.
Zonen: 1, 2, 3, 7 und 8

Thymian
Kleinblättriges, immergrünes Kraut. Ernte Frühjahr bis Herbst; während der Ruhephase im Winter keine Triebe abschneiden.
Zonen: 1, 2, 3, 7 und 8

Zitronengras
Hohe Pflanze. Braucht ein großes Gefäß in einem sonnigen Zimmer oder auf einer breiten Fensterbank. Ernte der dicken Halme von Mai bis September. Ideal für die asiatische Küche.
Zonen: 1, 2 und 3

Dendrobien
Die Blüten dieser Orchideen schmecken nach Gurke und Grünkohl. Gut als Kuchendekoration.
Zonen: 2, 3, 6 und 7

Duftpelargonien
Unkomplizierte Zierpflanze für sonnige Fensterbänke. Essbar sind die Blüten und das Laub.
Zonen: 1, 2, 3, 7 und 8

Ringelblumen
Orange oder gelbe Blüten mit pfeffrigem Geschmack. Blüht an einer sonnigen Stelle den ganzen Sommer.
Zonen: 1, 2, 3, 7 und 8

Tulpen
Vorgetriebene Zwiebeln im Frühjahr kaufen. Vorsicht: Tulpen sind in allen Pflanzenteilen giftig. Nur die Blüten als Dekoration verwenden!
Zonen: 2, 6, 7 und 8

Veilchen
Ganzjährig als Setzlinge erhältlich. In kleinen Töpfen ziehen.
Zonen: 1, 2, 3, 4, 7 und 8

Anbau-zonen
Mehr über die einzelnen Zonen auf S. 16–23.

Zone 1	Zone 2	Zone 3	Zone 4	Zone 5	Zone 6	Zone 7	Zone 8
SÜDFENSTER	OST- UND WESTFENSTER	UNTER EINEM OBERLICHT	WÄNDE	DUNKLE ECKEN	RAUMMITTE	KÜHLE SÜDZIMMER	AUSSEN-FENSTER-BÄNKE

Sprossen-, Blatt- und Wurzelgemüse

Frische Sprossen bzw. Keimlinge und Wurzel- sowie Blattgemüse im eigenen Heim zu ziehen ist möglich. Blattgemüse braucht in der Regel keine direkte Sonne (im Gegensatz zu den meisten anderen Gemüsesorten und Obst). Mehr dazu auf S. 76–121.

Frühlingszwiebeln
Die mild würzigen Stängel benötigen drinnen nicht viel Platz, brauchen es aber hell und kühl, um gut auszureifen.
Zonen: 1, 2, 3, 5 und 7

Gartensalate
Grün- oder rotblättrige Gartensalate können fast das ganze Jahr über an einem hellen Platz ohne direkte Sonne oder unter einer Pflanzenlampe gezogen werden.
Zonen: 2,4,5,6,7,8

Knoblauchsprossen
Knoblauch entwickelt im Haus keine verwertbaren Zwiebeln, doch kann man nach wenigen Wochen schon die zarten Blätter ernten.
Zonen: 1, 2, 3 und 7

Mizuna und Mibuna
Würziges Blattgemüse aus Asien. Schmeckt besonders in Salaten und Pfannengerichten. Es lässt sich jedes Jahr aufs Neue ansäen und braucht ähnliche Bedingungen wie Blattsalate.
Zonen: 2, 4, 5, 6, 7 und 8

Möhren
Lange und kurze Sorten für die Topfkultur erhältlich. Sät man zweimal, einmal im Frühjahr und einmal im Sommer, kann man auch zweimal ernten.
Zonen: 2, 6, 7 und 8

Pak Choi
Das Blattgemüse mit dem mild senfartigen Geschmack lässt sich im Sprossenstadium oder voll entwickelt im Sommer und Herbst ernten.
Zonen: 2, 4, 5, 6, 7 und 8

Pilze
Es gibt verschiedene Zuchtsets für zu Hause. Pilze können ganzjährig kultiviert werden. Viele sind schon nach wenigen Wochen erntereif.
Zonen: 2, 4, 5, 6 und 7

Rettiche und Radieschen
Ein schnell reifendes Gemüse. Radieschen können monatlich gesät und bis in den Frühherbst geerntet werden. Die größeren weißen Rettiche sät man besser im Herbst.
Zonen: 2, 3, 5, 6, 7 und 8

Rote Bete
Bei Aussaat im Frühjahr können im Sommer und Herbst süße Rote Beten geerntet werden.
Zonen: 2, 6, 7 und 8

Sprossen
Man kann die nährstoffreichen Sprossen in Gläsern an einem hellen Platz ziehen, etwa auf einer Fensterbank oder der Arbeitsfläche in einer Küche.
Zonen: 2, 3 und 4

Keimlingsgemüse (Microgreens)
Kaum ein Gemüse lässt sich leichter drinnen kultivieren. Die frischen, winzigen Keimlinge können ganzjährig an einem hellen Platz gezogen werden, etwa auf dem Fensterbrett.
Zonen: 1, 2, 3, 4, 5 und 7

Weiter »

Fruchtgemüse

Fruchtgemüse bereichert »Zimmerbeete« um viele schmackhafte Farbtupfer. Chilis, Gemüsepaprika und Buschtomaten, auch Strauchtomaten genannt, sind auf einer Fensterbank bestens aufgehoben. Andere Gemüsesorten werden größer und brauchen mehr Platz. Sie alle aber fruchten nur, wenn sie viel Sonne und Wärme haben. Mehr darüber auf S. 122–163.

Auberginen

Sie können bis zu 1 m hoch werden und haben runde oder längliche, weiße oder violette Früchte. Sollen die Pflanzen gut tragen, brauchen sie einen hellen Platz in Fensternähe.

Zonen: 1, 2 und 3

Chilis

Die kompakten Sträucher sind vom Sommer bis zum Frühherbst mit leuchtenden Schoten behängt. Hübsch auch die weißen Blüten.

Zonen: 1, 2, 3 und 8

Gemüsepaprika

Die kompakten Pflanzen bilden im Spätsommer und Frühherbst große grüne, gelbe, rote oder violette Schoten. Im Gegensatz zu ihren nahen Verwandten, den Chilis, schmecken sie mild.

Zonen: 1, 2 und 3

Gurken

Für diese Kletterpflanzen braucht man ein großes, sonniges Zimmer. Im Gegenzug bekommt man Gurken, die wesentlich besser schmecken als handelsübliche Erzeugnisse.

Zonen: 1, 2 und 3

Mexikanische Minigurken

Hängepflanzen für große Blumenampeln. Sie brauchen ein sonniges Zimmer. Die kleinen Früchte sehen aus wie Miniwassermelonen und schmecken nach Gurke mit einer Limettennote.

Zonen: 1, 2, 3 und 8

Tamarillos

Wer die großblättrigen, schönen Pflanzen in einem großen sonnigen Raum zieht, wird mit gelben oder roten Früchten belohnt. Sie schmecken wie eine Mischung aus Tomate und Kiwi.

Zonen: 1, 2 und 3

Tomaten

Für eine Ernte im Sommer oder Frühherbst wählt man kompakte Busch-, Cocktail- und Kirschtomaten, die sich für die Topf- und Ampelkultur eignen, oder Stabtomaten, die wenig Platz wegnehmen.

Zonen: 1, 2, 3 und 8

Obst

Tropisches und mediterranes Obst lässt sich drinnen gut anbauen, sofern die Bedingungen stimmen. Die Pflanzen brauchen kühle Räume im Winter, aber viel Wärme und Sonne im Sommer. Mehr auf S. 164–195.

Ananas-Guave

Die immergrüne Tropenpflanze trägt kleine süße, nach Ananas schmeckende Früchte. Sie reift im Spätsommer und Herbst. Auch die Blüten sind essbar. Der Strauch braucht im Sommer Wärme und viel Sonne, im Winter aber sollte er kühl stehen.

Zonen: 1, 2, 3 und 7

Calamondinorangen

An einem sonnigen Platz liefert diese Miniorange von März bis Mai reichlich kleine saure Früchte. Sie eignen sich vor allem für Marmelade. Im Winter stellt man die Pflanzen an einen kühlen, aber hellen Standort.

Zonen: 1, 2, 3 und 7

Erdbeeren

Man hat die Wahl zwischen Monatserdbeeren, die ab Juni viele Wochen lang kleine Früchte tragen, oder Gartenerdbeeren, deren größere Früchte im Juni und Juli reifen. Gartenerdbeeren lieben es sonnig, Monatserdbeeren kommen auch ohne direkte Sonne aus.

Zonen: 1, 2, 3, 4, 6, 7 und 8

Feigen
Wer eine Feige im Kübel drinnen in die Sonne stellt, bekommt alljährlich vom Sommer bis zum Frühherbst ein paar reife Früchte geboten. Im Winter mögen es die Bäume kühler.
Zonen: 1, 2, 3, 6 und 7

Kapstachelbeeren
Die buschigen Pflanzen brauchen viel Sonne. Sie bilden kleine weiße Blüten, aus denen sich im Spätsommer kirschgroße gelbe bis orange Früchte in einer papierartigen Hülle entwickeln.
Zonen: 1, 2 und 3

Kumquats
An den hohen, eleganten Pflanzen reifen zwischen zeitigem Frühjahr und Sommer birnenförmige Früchte mit essbarer Schale heran. Im Winter müssen sie aber kühl stehen.
Zonen: 1, 2, 3 und 7

Limetten
Sie ähneln sehr stark Zitronenbäumen und verlangen wie diese vom Frühjahr bis zum Frühherbst einen hellen, sonnigen, warmen Standort. Die Kaffernlimette sieht mit ihren großen geteilten Blättern und den knotigen grünen Früchten etwas anders aus.
Zonen: 1, 2, 3 und 7

Mandarinen
Die Zitruspflanzen benötigen von Mai bis zum Herbst, wenn ihre Früchte reifen, Wärme und viel Sonne. Im Winter bevorzugen sie es kühler.
Zonen: 1, 2, 3 und 7

Nektarinen
Nektarinen tragen wie ihre Cousinen, die Pfirsiche, im Sommer süße Früchte. Sie müssen drinnen jedoch von Hand bestäubt werden, wenn sie fruchten sollen.
Zonen: 1, 2, 3 und 7

Orangen
Die Zitrusbäume begeistern nicht nur mit köstlichen Früchten, sondern auch mit ihren Blüten, die Ihre Wohnung mit feinem Duft erfüllen. Im Sommer stellt man sie an einen sonnigen, im Winter an einen kühlen, aber hellen Platz.
Zonen: 1, 2, 3 und 7

Pfirsiche
Die süßen Pfirsiche mit ihrer samtigen Haut reifen im Sommer. Viel Sonne ist allerdings die Voraussetzung. Im Winter nach dem Laubfall stellt man sie kühler.
Zonen: 1, 2, 3 und 7

Zitronen
Schöne Bäumchen, die allerdings viel Sonne brauchen, damit sie ordentlich reife Früchte tragen. Im Winter brauchen sie während ihrer Ruhephase einen kühlen, hellen Platz.
Zonen: 1, 2, 3 und 7

Pflanzgefäße: die Basics

Bei der Auswahl **von Pflanzgefäßen** für Gemüse und Obst ist **einiges zu beachten.** Bevor man sich auf einen bestimmten Stil und ein Material (S. 30–31) festlegt, sollte man unbedingt **praktische Aspekte** berücksichtigen.

Grundlegendes

Kaufen Sie ein Gefäß nur, wenn Sie sicher sind, dass es sich für die jeweilige Pflanze eignet. Damit Pflanzen in einem Topf gedeihen, braucht er die passende Größe (siehe gegenüber). Übertöpfe sollten zwar wasserdicht sein, damit kein Schmutzwasser auf Böden und Möbel tropft, doch nur wenige Nutzpflanzen kommen mit nassen Füßen zurecht. Prüfen Sie also, ob das Wasser gut abfließen kann, ohne Schaden anzurichten.

Wasserabzug

Am einfachsten gelingt das mit einem Topf mit Abzugslöchern, den man in einen Untersetzer oder eine Schale stellt (siehe Illustration oben rechts).

Eine weitere Möglichkeit besteht darin, einen Plastiktopf mit Abzugslöchern zu verwenden und ihn in einen wasserdichten Übertopf zu stellen (siehe Illustration rechts in der Mitte). Wer seine Pflanzen direkt in den Übertopf setzen will, gibt zuerst eine 2–3 cm dicke Schicht Kies hinein, legt eine perforierte Plastikfolie oder ein Gärtnervlies darüber und befüllt den Topf erst zum Schluss mit Substrat. So kann das Wasser in die Dränageschicht sickern, ohne dass Staunässe entsteht.

Inzwischen gibt es spezielle Gefäße mit integriertem Dränagesystem und Wasserreservoir (siehe Illustration unten rechts). Sie werden oft »selbstbewässernd« genannt, weil Wasser, das ins Reservoir hinuntergesickert ist, vom Substrat wieder aufgesaugt werden kann.

Gefäß auf einem Untersetzer
Stellt man einen Topf mit Abzugslöchern im Boden auf einen Untersetzer, kann sich im Gefäß keine Nässe stauen. Allerdings muss man aufpassen, dass der Untersetzer nicht überläuft, wenn man zu viel wässert.

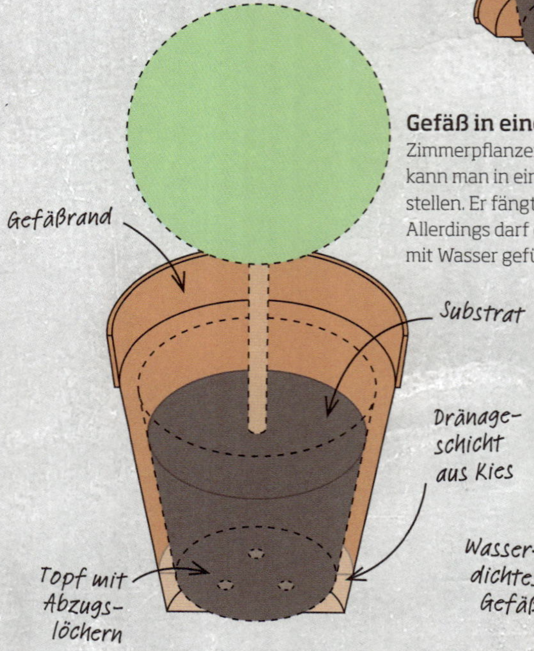

Gefäß in einem Übertopf
Zimmerpflanzen in Töpfen mit Abzugslöchern kann man in einen wasserdichten Übertopf stellen. Er fängt überschüssiges Wasser auf. Allerdings darf der Topf nicht dauerhaft in einem mit Wasser gefüllten Übertopf stehen.

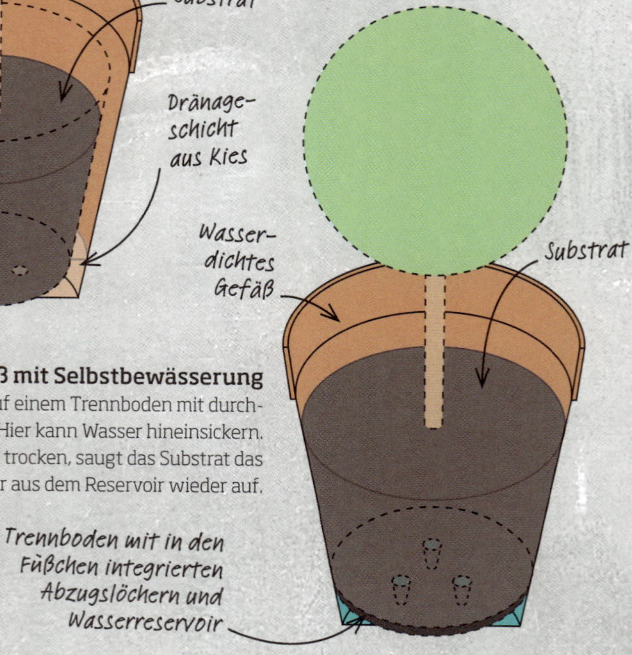

Gefäß mit Selbstbewässerung
Der Topf steht auf einem Trennboden mit durchlässigen Füßen. Hier kann Wasser hineinsickern. Wird der Topf trocken, saugt das Substrat das Wasser aus dem Reservoir wieder auf.

Größe

Die Größe der Pflanzen entscheidet über die Größe des Topfs. Große Gewächse wie etwa Orangen- und Zitronenbäume brauchen viel Wurzelraum. Weil sie außerdem viele Jahre leben, müssen sie gelegentlich in größere Kübel umgesetzt werden. Wer nicht jedes Mal beim Umtopfen tief in die Tasche greifen will, kann die Pflanzen in Kunststofftöpfe setzen und diese in einem übergroßen, dekorativen Gefäß versenken. Damit ist das Problem der Unterbringung für einige Jahre gelöst.

Platzbedarf

Hohe Pflanzen wie Stabtomaten brauchen ein mindestens 25 cm tiefes und 20 cm breites Gefäß, damit sie mit ihren hohen gestützten Trieben nicht umfallen und die Wurzeln genug Platz haben.

Kleine Nutzpflanzen wie Radieschen brauchen für sich gesehen nicht viel Platz. Damit man aber einen nennenswerten Ertrag bekommt, sollte man sie zu mehreren in einem großen Topf mit Platz für zehn oder noch mehr Pflanzen ziehen. Gäste aus trockeneren Regionen wie Kräuter und Feigen kommen mit beengteren Verhältnissen zurecht und brauchen weder viel Substrat noch viel Wasser.

Pflanzen in Töpfen ohne Wasserabzug sind anfälliger für Pilzkrankheiten.

Kleine Pflanzgefäße

Winzige Töpfe sehen zwar gut aus, doch halten wenige Nutzpflanzen in ihnen lange durch. Zu diesen gehören kleine Kräuter, Blüten, Sprossen- und Keimlingsgemüse. Kleine Gefäße müssen jedoch häufiger gewässert werden als große.

Mittelgroße Pflanzgefäße

Tomaten, Paprika, Chilis, größere Kräuter und viele weitere Nutzpflanzen gedeihen in Töpfen, die um die 30 cm tief und breit sind. Kleinere Gewächse wie Blattsalate und Möhren kann man in ihnen auch gemeinsam ziehen.

Große Pflanzgefäße

Große Töpfe fassen mehr Substrat und Wasser als kleine, sodass nicht so oft gegossen werden muss. Größere Bäume kippen in ihnen zudem nicht so schnell um. Manche tragen aber am besten, wenn es ihren Wurzeln etwas zu eng ist, z. B. Feigen.

Gefäßtypen

Das Material, aus dem ein Pflanzgefäß hergestellt wird, bestimmt nicht nur sein Aussehen, sondern auch seine Haltbarkeit und sein Gewicht. **Leichte Töpfe** lassen sich drinnen gut umstellen, dafür geben ihre Pendants aus **schweren Materialien** größeren Pflanzen und Obstbäumen **Stabilität.** Hier sehen Sie eine Vielzahl verschiedenster Pflanzgefäße. Der Überblick soll Ihnen helfen, die richtigen Töpfe für Ihre Wohnung auszuwählen.

Ton

Tontöpfe verbreiten rustikales Flair, sollten jedoch nicht direkt auf Teppichen, Holzböden und anderen empfindlichen Belägen stehen. Man stellt sie daher auf wasserdichte Untersetzer, um Wasserschäden und Flecken zu verhindern.

Holz und Korbwaren

Gefäße aus natürlichen Materialien eignen sich für traditionelle wie moderne Inneneinrichtungen. Weil sie nicht wasserdicht sind, braucht man eine Auskleidung aus Kunststoff. Die Pflanzen werden zusätzlich in Plastiktöpfe gesetzt und so in die Gefäße gestellt.

Kleine Kräuter gedeihen auch in Blumenampeln.

Blumenampeln

Nicht alle Blumenampeln sind wasserdicht, etwa Hängekörbe. Man kann sie jedoch mit Folie oder einer Plastikschale auskleiden.

Bedecken Sie den Boden der wasserdichten Gefäße mit Styroporstückchen. So entsteht eine Dränageschicht.

Das Material der Gefäße sollte zum Einrichtungsstil passen und die Wirkung der Pflanzen unterstreichen.

Metall erhitzt sich rasch, weshalb die Pflanzen darin häufiger gewässert werden müssen.

Glasfaser- und Kunstharztöpfe sind leicht und vielseitig verwendbar.

In Plastiktöpfe ist manchmal zusätzlich eine Schale oder ein Wasserbehälter integriert.

Metall und Metallimitat

Metall fügt sich gut in ein modernes Industriedesign ein. Für traditionellere Einrichtungen gibt es auch Gefäße aus Bleiimitat. Die meisten wiegen nicht viel, aber nicht alle sind wasserdicht, sodass man sie eventuell zusätzlich mit Folie ausschlagen sollte.

Harze, Glasfaser und andere Kunststoffe

Pflanzgefäße aus Glasfaser und Harz gibt es in traditionellen und modernen Ausführungen. Sie sind für drinnen eine gute Wahl. Man kann die Pflanzen zusätzlich in schlichte Plastiktöpfe setzen und die wasserdichten Gefäße als Übertöpfe nutzen.

Kräuter und essbare Blüten

Zu den am einfachsten im Haus in Gefäßen zu ziehenden Pflanzen gehören die verschiedensten Kräuter sowie Pflanzen mit essbaren Blüten. Wählen Sie einige Projekte aus diesem Kapitel aus und probieren Sie es!

Kräuter und essbare Blüten: Basics

Schon einige wenige **frische Kräuter** und **essbare Blüten** in der Wohnung versorgen Sie mit **wichtigen Zutaten** für die verschiedensten Gerichte und Drinks.

Was sind Kräuter?

Kräuter wachsen genauso wie alle anderen Pflanzen. Was sie jedoch auszeichnet, ist der intensive Geschmack ihrer essbaren Blätter und ihre gesundheitsfördernden Eigenschaften. Die in diesem Buch genannten Arten werden in der Küche wegen ihres Geschmacks und Aromas geschätzt, mit dem sie süße und pikante Gerichte bereichern. Viele frische Kräuter enthalten essenzielle Mineralstoffe und Vitamine wie A und C. Sie haben jedoch noch weitere Vorteile. Minzeblätter etwa fördern, als Tee aufgebrüht, die Verdauung, während der Duft von Rosmarin und Salbei Forschungen zufolge die kognitiven Fähigkeiten und das Gedächtnis verbessert. Kräuter sind unkomplizierte Pflanzen für die Zimmerkultur und lassen sich meist problemlos in Gefäßen auf einer sonnigen Fensterbank ziehen.

Flower Power

Viele essbare Blüten schmecken überraschend gut. Sie lassen sich zum Würzen und Dekorieren frischer Salate, Desserts, Kuchen und sogar Brot verwenden. Mit ihnen reichert man seine Gerichte obendrein um ein paar Vitamine mehr an. Einige Blüten, etwa die von Lavendel, enthalten wichtige Antioxidantien.

Es lohnt sich, im Lauf des Jahres verschiedene Arten zu kultivieren. Ihre Blüten bereichern Indoor-Arrangements um Farbtupfer, machen gute Laune und sorgen dafür, dass die Pflanzungen zur jeweiligen Jahreszeit passen. Den Anfang machen Gänseblümchen, dann geht es weiter mit Sommerblumen. Sie alle sind dankbare Blüher, denn je mehr Blüten man abzupft, desto bereitwilliger treiben sie neue aus. Ringelblumen, Veilchen, Pelargonien und Co. etwa bleiben monatelang ansehnlich.

Zonen für Kräuter und essbare Blüten

Blumen und Kräuter gedeihen am besten, wenn es hell ist. Für sie sind also die Zonen 1, 2 und 3 am besten. Manche kommen auch mit mäßigem Licht zurecht. Wenn sie aber noch dunkler stehen sollen, braucht man Pflanzenlampen.

Zone 1

Südfenster
Hier gedeihen alle Kräuter und essbaren Blüten. Man muss sie aber gut wässern, denn im Sommer sowie an sonnigen Frühjahrs- und Herbsttagen kann es hier sehr heiß werden.

Zone 2

Ost- und Westfenster
Auch diese Zone ist für alle Kräuter und Blüten geeignet, sofern sie direkt am Fenster stehen. Basilikum und Lavendel gedeihen aber eventuell nicht ganz so gut wie in Zone 1.

Zone 3

Unter einem Oberlicht
Unter einem Dachfenster sind Kräuter und Blüten ebenfalls gut aufgehoben, vor allem wenn zusätzlich noch Licht aus einem seitlichen Fenster in den Raum dringt.

Zone 4

Wände
Sonnige Wände behagen Kräutern und Blüten. Bekommen sie aber nur ein paar Stunden am Tag Sonne, nimmt man besser Minze, Oregano, Petersilie, Orchideen und Veilchen.

Zone 5

Dunkle Ecken
Mit einer Pflanzenlampe kommen hier alle Kräuter und Blumen gut zurecht. Fehlt allerdings diese zusätzliche Lichtquelle, halten nur wenige auf Dauer durch.

Zone 6

Raummitte
In einer sonnigen Zimmermitte sollten keine Probleme auftreten. Hat der Platz nur ein paar Stunden Sonne, zieht man Orchideen, Petersilie, Veilchen oder Minze.

Zone 7

Kühle (unbeheizte) Südzimmer
Fast alle Kräuter und Blumen kommen mit kühlen, hellen Standorten zurecht. Lediglich Basilikum braucht es wärmer, ist im Sommer hier aber ebenfalls gut platziert.

Zone 8

Außenfensterbänke
Mit Ausnahme von Orchideen kann man hier alle Kräuter und essbaren Blüten ziehen. Viele müssen aber bei Frost nach drinnen gebracht werden.

Level 1
Leicht

Kräuter und Blüten für die Fensterbank

Duftende Kräuter und essbare Blüten in hübschen Töpfen auf einer **Küchenfensterbank** sind ansprechend und dekorativ. Außerdem liefern sie **frische Kräuter und Blüten** für die Küche (siehe Projekt auf S. 38–39).

MINZE
Eines der wenigen Kräuter, die es kühler mögen. Man kann Minze jeodch mit sonnenliebenden Pflanzen kombinieren, wenn man das Substrat dauerhaft feucht hält. Aber unbedingt Staunässe vermeiden!

VEILCHEN
Bringen Farbe in Salate und Kuchen. Veilchen beleben ein Topfarrangement optisch. Die anspruchslosen Pflanzen blühen viele Wochen lang und gedeihen auch in kleinen Gefäßen, sofern man regelmäßig wässert.

PETERSILIE
Die Auswahl an Petersiliensorten ist klein (siehe S. 72–73), doch können sie alle in Gefäßen kultiviert werden. Sie leben nur zwei Jahre. Ihre Blätter sind im ersten Jahr am zartesten und schmackhaftesten.

ROSMARIN
Im Frühjahr ist das vielseitige Kraut mit winzigen blauen Blüten übersät, die ebenfalls essbar sind. Rosmarin wächst zu einem stattlichen Strauch heran und gibt sich nur wenige Jahre mit einem Topf zufrieden.

Ernten

Die meisten Kräuter und essbaren Blüten sind mit einer hellen Fensterbank zufrieden. Man kann ihre Blätter und Blüten fast das ganze Jahr ernten, nur im Winter sollte man sich zurückhalten, da sie in dieser Zeit kaum wachsen. Stellen Sie eine Auswahl von Kräutern mit unterschiedlichem Geschmack und für verschiedene Verwendungszwecke zusammen.

Küchenkräuter

Die unten beschriebenen Pflanzen gehören zu den unkompliziertesten und vielseitigsten Küchenkräutern. Wer nicht viel Platz am Fenster hat, zieht nur ein paar wenige Favoriten, damit immer ein paar Blätter griffbereit sind.
Zupfen Sie eine Pflanze nie ganz kahl – sie überlebt das nicht.

Drehen Sie Ihre Kräuter- und Blumentöpfe alle ein, zwei Tage, damit die Pflanzen gleichmäßig wachsen und nicht auf einer Seite langtriebig werden.

SALBEI
Das Mittelmeerkraut gedeiht ein, zwei Jahre lang im Topf, muss dann aber ersetzt oder in ein größeres Gefäß umgepflanzt werden. Es braucht eine sonnige Fensterbank. Staunässe verträgt es gar nicht.

THYMIAN
Es gibt etliche Thymiansorten (siehe S. 40–41), die alle unkompliziert sind. Manche werden 30 cm hoch und brauchen größere Töpfe als die hier gezeigten. Man hält ihr Substrat feucht, vermeidet aber Staunässe.

SCHNITTLAUCH
Das grasartige Kraut mit Zwiebelgeschmack gedeiht auf einer Fensterbank, braucht aber volle Sonne. Geerntet werden kann es von Frühjahr bis Herbst. Im Winter zieht es ein, treibt im Frühjahr jedoch neu aus.

Im Überblick

Eintopfzeit: 30 Min.

Volle Sonne 10–22 °C

Nur wässern, wenn die Oberfläche trocken ist

Von Mai bis Oktober alle zwei bis vier Wochen einen Kräuterdünger verabreichen

Blätter während der Wachstumsperiode abzwicken

Projekt »

Kräuter und essbare Blüten in Töpfen

Kräuter und Blüten gehören zwar zu den **unkompliziertesten** Indoor-Nutzpflanzen, brauchen aber ein stark **durchlässiges Substrat.** Man pflanzt sie am besten in **Plastiktöpfe** mit Abzugslöchern, die sich in Übertöpfe stellen lassen.

SIE BRAUCHEN:

- Kräuter (geeignete Arten auf S. 40–41, 46–47, 66–67, 72–75)
- Pflanzen mit essbaren Blüten, z. B. Veilchen (weitere Anregungen auf S. 56–57)
- Plastiktöpfe, die in dekorative Übertöpfe Ihrer Wahl passen
- tonhaltiges Substrat, z. B. Einheitserde Typ VM oder TKS1
- Sand (Brechsand, scharfer Sand, gewaschener Sand für Gärten)
- Kies
- dekorative (Über-)Töpfe
- kleine Gießkanne

1 Viele Kräuter kann man fertig in Plastiktöpfen kaufen. Man setzt sie nur noch in Übertöpfe mit einer Kiesschicht am Boden, die Staunässe verhindert. Rosmarin und Salbei allerdings werden bald zu groß für ihre ersten Töpfe und müssen dann umgesiedelt werden. Dazu bedeckt man den Boden eines größeren Plastiktopfs gut mit tonhaltigem Substrat und mischt etwas Sand dazu, um die Durchlässigkeit zu verbessern.

Drehen Sie Kräutertöpfe gelegentlich um. So sehen Sie, ob der Wurzelballen verdichtet ist. Wachsen Wurzeln aus den Abzugslöchern, muss umgetopft werden.

2 Dann wässert man die Pflanze und holt sie aus ihrem alten Topf. Ziehen Sie dabei nicht an der Pflanze, sondern greifen Sie mit den Fingern zwischen die Ansätze der Triebe. Setzen Sie den Wurzelballen so auf das Substrat im neuen Topf, dass seine Oberfläche knapp unter dem Topfrand liegt.

Der neue Topf muss etwas größer sein als der alte.

3 Füllen Sie um den Wurzelballen vorsichtig mehr Substrat ein. Die Triebe dürfen aber nicht bedeckt werden, sonst faulen sie. Erde vorsichtig andrücken, dann gut wässern.

Beim Einfüllen der Erde den Topf ein paar Mal aufstoßen, damit keine Lufteinschlüsse im Substrat bleiben.

Als Dränageschicht eignen sich Kies oder Styroporstückchen, mit denen man den Boden des Übertopfs bedeckt.

4 Zum Schluss kommt eine Lage Kies in den Übertopf. Auf sie stellt man die umgetopfte Pflanze. So kann Wasser aus dem Kräutertopf ablaufen, ohne dass die Wurzeln im Wasser stehen.

Laufende Pflege

Kaum ein Kraut oder eine Blume gedeiht in einem Topf, der weniger als 9 cm breit und 12 cm tief ist. Lediglich Thymian und Veilchen kommen kurzzeitig mit sehr kleinen Pflanzgefäßen zurecht. Sie sollten in dieser Zeit aber nicht abgeerntet werden. Jede Pflanze in einem kleinen Topf muss nach einigen Monaten umgesetzt werden. Wässern Sie Kräuter und Blumen nur, wenn sich die Oberfläche des Substrats trocken anfühlt, und auch dann nur zurückhaltend. Steht das Wasser auf der Oberfläche, gießt man es ab. Von Mai bis Oktober düngt man alle zwei bis vier Wochen mit einem Flüssigdünger für Blattschmuckpflanzen.

Eine Kiesschicht auf dem Substrat verhindert, dass der Ballen zu rasch austrocknet.

Thymian

Thymus

Thymian gedeiht auf sonnigen Fensterbänken und kann von Frühjahr bis Herbst geerntet werden. Man verwendet ihn für Suppen, Saucen, Fisch- und Fleischgerichte.

Kultur

Kauf und Aussaat

Jungpflänzchen sind das ganze Jahr erhältlich. Kauft man sie im Winter, sollte man erst im Frühjahr mit der Ernte beginnen, wenn sie austreiben. Exemplare mit verdichtetem Wurzelballen werden in etwas größere Gefäße mit tonhaltigem Substrat umgesiedelt, in den man Sand oder Kies gemischt hat.

Licht und Wärme

Thymian ist in der Regel winterhart, braucht aber einen sonnigen Platz und viel Wärme im Sommer, während es im Winter kühler sein sollte. Wichtig ist gute Luftzirkulation. Das Kraut kann auch ganzjährig auf einer sonnigen Außenfensterbank oder einem Balkon stehen.

Wässern

Wie alle Mittelmeerkräuter braucht Thymian stark durchlässiges Substrat. Bei Staunässe fault er. Man pflanzt ihn in Töpfe mit Abzugslöchern und wässert erst, wenn sich die Erde trocken anfühlt.

Laufende Pflege

Von Frühjahr bis Frühherbst verabreicht man ihm alle zwei Wochen einen Flüssigdünger für Blattschmuckpflanzen. Alle ein, zwei Jahre wird er in eine Mischung aus drei Teilen tonhaltigem Substrat und einem Teil feinem Kies umgepflanzt.

Ernte

Ernten Sie immer nur ein paar Blätter auf einmal. Thymian ist zwar winterhart, braucht im Winter aber eine Ruhephase.

Echter Thymian öffnet im Sommer kleine rosa Blüten. Sie können mit den Blättern in Speisen verwertet werden.

Echter Thymian

Die besten Indoor-Formen

Werten Sie Ihre Fensterbank mit einer Auswahl verschiedener Thymian-Arten und -Sorten auf. Manche wie der Zitronen-Thymian haben ein typisches Aroma. Niedriger, kriechender Thymian sieht gut aus, wenn er über den Rand flacher Schalen wächst.

ECHTER THYMIAN ▶
(*Thymus vulgaris*)
Die rein grüne Art lässt sich problemlos kultivieren. Der bekannte Geschmack ihrer Blätter ist ideal für Fleisch- und Fischgerichte.
Höhe und Breite: 30 × 30 cm

ALPEN-THYMIAN ▶
(*Thymus* 'Worfield Gardens')
Dekorativer kleiner Thymian mit weiß panaschiertem Laub und rotem Neuaustrieb. Die Blätter schmecken erfrischend pikant.
Höhe und Breite: 10 × 20 cm

SAND-THYMIAN ▶
(*Thymus serpyllum*)
Diese Art mit ihren intensiv duftenden, nadelartigen Blättern und rosa Blüten wird am besten in eine Schale gesetzt. Die Blätter bereichern Eintöpfe und Aufläufe.
Höhe und Breite: 10 × 30 cm

ARZNEI-THYMIAN ▲
(*Thymus pulegioides* 'Archer's Gold')
Seine aromatisch nach Zitrone duftenden Blätter sind wie geschaffen für Hühnchen- und Fischgerichte.
Höhe und Breite: 25 × 25 cm

'SILVER POSIE' ▶
(*Thymus* 'Silver Posie')
Buschiger, kriechender Thymian mit weiß gerandeten, graugrünen Blättern und violetten bis weißen Blüten. Blütezeit Juni–Juli. Für Kräutersträußchen, Füllungen und Saucen.
Höhe und Breite: 30 × 30 cm

'COCCINEUS-GRUPPE' ▶
(*Thymus* 'Coccineus-Gruppe')
Matten bildende Gruppe, deren Sorten bevorzugt an Ränder großer Töpfe mit hohen Kräutern gepflanzt werden. Sie öffnen im Frühjahr rosa Blüten. Für Fleisch- und Fischgerichte.
Höhe und Breite: 10 × 20 cm

Koch-tipps

Aroma-lieferanten

Thymianblätter auf Braten und Fisch unterstreichen den Geschmack.
In Bouquets garnis mit Petersilie und Lorbeer werten sie Aufläufe und Eintöpfe auf.
Auf Feta und Honig gestreut ergibt Thymian einen pikanten Pfannkuchenbelag griechischer Art.
Mischen Sie Zitronen-Thymian mit Olivenöl, Zitronensaft, Senf, Gewürzen und etwas Zucker zu einer pikanten Gemüse-Vinaigrette.
Zerdrückt wird Thymian mit Meersalz auf Kartoffeln und Blattsalate gestreut.
Thymian passt perfekt zu Pute und Huhn. Man streut die gehackten Blätter vor dem Braten auf das Fleisch oder gibt sie in die Füllung.

Brathähnchen mit Thymian

Für Kräuter und Blüten ist eine sonnige Fensterbank ideal. Sie kommen auch mit ein paar Stunden Schatten am Tag zurecht, an einem Nordfenster aber gedeihen sie nicht.

Level 1
Leicht

Duftpelargonien und Kräuter im Kasten

Nutzen Sie **Außenflächen** wie Fensterbänke, um Ihr Arsenal an Nutzpflanzen zu erweitern. Eine **Mischung aus Kräutern und Pelargonien** liefert nicht nur **Wohlschmeckendes,** es sieht auch gut aus (siehe Projekt nächste Seite).

Außenflächen nutzen

Eine Außenfensterbank eignet sich für viele kompakte Pflanzen als Standort. Hier ist es hell, relativ warm und geschützt. Man kann Fensterkästen drinnen bepflanzen und sie anschließend nach draußen stellen. Später lassen sie sich vom Zimmer aus pflegen. Der Kasten muss allerdings gut befestigt sein. Wässern Sie die Pflanzen genauso oft wie drinnen, auch bei Niederschlägen, denn die meisten Fensterbänke liegen im Regenschatten. Mit blühenden Kräutern wie etwa Thymian und Basilikum tut man auch der Bienenwelt etwas Gutes.

Schneckenfrei
Mit einem Kupferband um den Fensterkasten hält man Schnecken wirkungsvoll fern.

Auswahl der Pflanzen

In einem Fensterkasten gedeihen die meisten Kräuter und essbaren Blüten. Allerdings sollte man den größtmöglichen Kasten verwenden, damit sie auch gut wachsen können.

Duft-Pelargonien
vertragen Trockenheit und sind anspruchslos. Mit ihren zerdrückten Blättern würzt man Sirup, die Blüten eignen sich zum Garnieren.

Kriechender Thymian
Kriechende Sorten lassen die Ränder der Kästen optisch weicher wirken. Die Blätter verwendet man wie Echten Thymian.

Ampfer
Rot geäderte Sorten sind am dekorativsten. Ampfer kommt in Suppen, Salaten und Fischgerichten zum Einsatz.

Im Überblick

2 Std.

Vollsonnig oder lichter Schatten

Alle ein, zwei Tage wässern

Mit Flüssigvolldünger düngen (siehe nächste Seite)

Blüten und Blätter bei Bedarf ernten

Projekt »

Kasten mit Pelargonien und Kräutern

Das **leicht umzusetzende Projekt** eignet sich besonders gut für Einsteiger. Es versorgt Sie kontinuierlich mit **Blüten und Blättern,** die Sie im **Sommer** und **Frühherbst** ernten können.

Wer keine Fensterbank hat, kann unter dem Fenster Metallhalterungen an der Mauer anbringen.

SIE BRAUCHEN:

- Fensterkasten, etwa 45 x 20 x 20 cm groß
- Styroporstücke
- Blumenerde
- 2 Duft-Pelargonien, oft fälschlicherweise »Geranien« genannt (Sorten wie 'Orange Fizz' oder 'Attar of Roses')
- 1 Blut-Ampfer (rot geädert) (*Rumex sanguineus*)
- 1 Sand-Thymian (kriechend) (*Thymus serpyllum*)
- 1 Oregano (panaschiert) (*Origanum vulgare* 'Country Cream')
- 1 Thai-Basilikum (*Ocimum basilicum* var. *thyrsiflorum*)
- Gießkanne
- Flüssigvolldünger

Bei geöffnetem Fenster erfüllen die Pelargonienblätter Ihr Heim mit ihrem feinem Duft.

1 Falls der Fensterkasten keine Abzugslöcher hat, müssen sie gebohrt werden. Dann bedecken Sie den Boden mit einer Lage Styroporstücke - sie verhindern, dass die Abzugslöcher verstopfen. Auf das Styropor kommt eine Lage Blumenerde.

Verwenden Sie Blumenerde. Der Dünger in neu gekaufter Erde reicht für einige Wochen.

2 Setzen Sie die größte Pelargonie – hier ist es die Sorte 'Orange Fizz' – in die Erde. Zwischen Substratoberfläche und Kastenrand lässt man mindestens 2–3 cm Abstand.

3 Ist der Wurzelballen sehr dicht, lockert man ihn mit den Fingern auf. So können die Wurzeln leichter in die frische Erde hineinwachsen.

4 Pflanzen Sie die übrigen Kräuter und Blumen. Basilikum und Ampfer kommen nach hinten, eine Pelargonie auf eine Seite. Zwischen Erde und Rand muss wieder Abstand bleiben.

5 Zum Schluss wird ein kriechender Thymian an den vorderen Rand gepflanzt, wo ihn die anderen Pflanzen nicht beschatten. Drücken Sie die Erde um die Wurzelballen an.

6 Stellen Sie den Kasten auf eine Außenfensterbank (oder drinnen auf einen Untersetzer) und wässern Sie ihn gut. Er muss fest stehen; bei Bedarf sichert man ihn mit einem Metallwinkel.

Kräuterblätter zupft man öfter ab, um das Wachstum anzuregen.

Laufende Pflege

Wer vorgedüngte Blumenerde verwendet, braucht die Pflanzen ein paar Wochen lang nicht zu düngen. Lassen sie danach etwas nach, kann man sie mit Flüssigvolldünger versorgen. Vertrocknete und welkende Blüten werden abgezwickt, um die Pflanzen zu neuer Blüte anzuregen.

Entfernen Sie welke Blüten.

Basilikum

Ocimum

Das Küchenkraut ist der perfekte Begleiter frischer Tomaten und Bestandteil vieler mediterraner Gerichte. Die Auswahl an Blattfarben und Geschmacksrichtungen ist groß.

Basilikumblüten sind wie die Blätter essbar. Sie geben Speisen Farbe und Geschmack.

Die Sorte 'Spice'

Kultur

Kauf und Aussaat

Basilikum wird im Frühjahr in Anzuchterde guter Qualität gesät, es gibt aber im späten Frühjahr auch Setzlinge im Fachhandel. Wer ausgewachsenen Basilikum kauft, pflanzt ihn gleich in Blumenerde.

Licht und Wärme

Basilikum braucht viel Sonne und steht am besten auf einer Fensterbank nach Süden. Auch in einem warmen, hellen Zimmer gedeiht es, braucht dort aber bei sommerlicher Hitze gute Luftzirkulation.

Wässern

Wenn es um die Wasserversorgung geht, ist Basilikum etwas heikel. Die Pflanzen bevorzugen feuchte, aber stark durchlässige Erde. In nassem oder staunassem Substrat machen ihnen bald Pilzinfektionen den Garaus. Der Topf braucht reichlich Abzugslöcher. Gewässert werden muss alle zwei, drei Tage. Gießen Sie dabei nicht auf die Blätter, das bewahrt die Pflanzen vor Krankheiten.

Laufende Pflege

Ältere Exemplare düngt man alle zwei Wochen mit einem Flüssigdünger für Grünpflanzen. Blütentriebe werden abgezwickt, bevor sie Samen bilden.

Ernte

Wenn Sie Basilikum für die Küche brauchen, zwicken Sie Triebspitzen ab, nicht jedoch verholzende untere Abschnitte, da sie sonst absterben.

Die besten Indoor-Formen

Neben dem gängigen grünen Basilikum gibt es weitere Arten und Sorten, etwa violettlaubig und solche mit fruchtigem oder würzigem Geschmack. Wer Zitrusnoten bevorzugt, nimmt Zitronen- oder Limetten-Basilikum, das traditionelle Noten mit frischen verbindet. In Gartencentern bekommt man eine Auswahl von Setzlingen, bei Saatgut aber ist das Angebot an Sorten größer.

BASILIKUM
(*Ocimum basilicum*)
Dieses Basilikum – die Art – findet man im Handel am häufigsten. Das nach Gewürznelken duftende Laub passt ausgezeichnet zu Tomatengerichten und findet in Pesto-Saucen Verwendung.
Höhe und Breite: 25 × 25 cm

'SPICE'
(*Ocimum basilicum* 'Spice')
Diese Sorte ähnelt der Art und bildet Ähren aus hübschen rosa Blüten. Sie hat einen süß-würzigen Geschmack, der sich gut für Salate und mediterrane Gerichte eignet.
Höhe und Breite:
25 × 25 cm

'DARK OPAL'
(*Ocimum basilicum* 'Dark Opal')
Eine Sorte mit violettem Laub und mild-würzigem Geschmack. Sie braucht viel Sonne und stark durchlässige Erde. Man wässert sie zurückhaltend und immer erst, wenn sich die Oberfläche des Substrats trocken anfühlt.
Höhe und Breite:
30 × 30 cm

GRIECHISCHES BASILIKUM
(*Ocimum minimum* 'Bush')
Die auch Busch-Basilikum genannte Zwergform trägt kleine Blätter und schmeckt intensiv würzig. Sie ist weniger anfällig für Mehltau als andere Basilikumsorten.
Höhe und Breite: 20 × 20 cm

THAI-BASILIKUM
(*Ocimum basilicum* var. *thyrsiflorum*)
Hübsche violette Triebe und Blätter mit würzigem Lakritzgeschmack zeichnen diese Form aus. Sie kommt oft in der asiatischen Küche und in Pfannengerichten zur Anwendung.
Höhe und Breite: 30 × 30 cm

ZITRONEN-BASILIKUM
(*Ocimum × citriodorum*)
Die hellgrüne Form mit Zitrusgeschmack ist ideal für Fisch- und asiatische Gerichte. Zudem verleiht sie roh Salaten Frische und Schwung. Ebenfalls empfehlenswert: das ähnlich schmeckende Limetten-Basilikum.
Höhe und Breite: 30 × 30 cm

Koch-tipps

Zum Ausprobieren

Besser als in einem Tricolor-Salat mit Basilikum, Tomaten und Mozzarella lässt sich das Kraut kaum genießen.

Die Blätter können auch mit Zitronensaft, Honig und kaltem Wasser zu einer Limonade gemischt werden.

Wenn man Basilikum mit Zitronensaft und Zuckersirup püriert und einfriert, bekommt man ein ungewöhnliches Sorbet.

Thai-Basilikum, mit Spinat, Koriander, Avocado, Olivenöl und etwas Salz und Zucker püriert, ergibt eine Pesto-Sauce nach asiatischer Art.

Für Caprese-Farro-Salat fügt man einem Tricolor-Salat (siehe oben) Dinkel (oder braunen Reis bzw. Quinoa) und Olivenöl-Dressing hinzu.

Tricolor-Salat

Ernten Sie nur die Triebspitzen, um die Pflanzen zu verstärktem Neuaustrieb anzuregen.

Verwenden Sie Teekräutertöpfe aus leichten, wasserdichten Materialien wie Kunststoff, Holz und Metall. Sie werden am besten gleichmäßig im Regal arrangiert, damit sie nicht umfallen.

Level 2
Mittel

Ihr Teekräuter-garten

Frische **Kräutertees** sind gesund und gehören in jede Hausapotheke. Als Lebensraum eignen sich **Hängeregale** vor einem Fenster. Sie sind ideal, wenn man viele Pflanzen auf **kleinem Raum** unterbringen und seine tägliche Tasse Kräutertee genießen möchte (siehe Projekt nächste Seite).

Gesund mit Kräutern

Kräutertees sind reich an Antioxidantien. Doch sie haben noch weitere Vorzüge. Minzetee lindert Magenbeschwerden und Übelkeit, regt aber auch den Geist an. Kamille beruhigt die Nerven und ist schlaffördernd. Zitronenstrauch soll gegen Gelenkschmerzen helfen.

Auswahl

Mit dabei sein können Kamille, Stevia (siehe auch S. 221), Mutterkraut, Zitronenstrauch und Pfefferminze (siehe unten). Die meisten bevorzugen volle Sonne, wachsen aber an jedem Fenster mit Ausnahme von Nordfenstern.

Minze wirkt verdauungsfördernd.

Mutterkraut
(*Tanacetum parthenium*)
Diese Pflanze aus der Korbblütlerfamilie braucht einen großen Topf mit durchlässigem Substrat. Die Blätter sollen Migräne und Muskelschmerzen lindern.

Zitronenstrauch
(*Aloysia citrodora*)
Man lässt den Strauch nicht zu hoch werden, indem man regelmäßig die Triebspitzen abzwickt. Im Winter verliert er die Blätter, treibt aber im Frühjahr neu aus.

Pfefferminze
(*Mentha × piperita*)
Bepflanzen Sie ein paar größere Töpfe mit dem wüchsigen Kraut. Es ist sommergrün und zieht im Winter ein. Im Frühjahr treibt es wieder frisch aus.

Im Überblick

2-3 Std.

Volle Sonne oder Halbschatten

Alle zwei bis drei Tage wässern

Nach sechs Wochen alle 14 Tage düngen

Triebe nach Bedarf abzwicken

Projekt »

Ein Kräuterregal basteln

Dieses stilvolle Holzregal ist im Nu gemacht. Mit ihm können Sie Ihre **ganze Fensterbreite für** die Kultur **verschiedener Kräuter** nutzen. Der Abstand zwischen den Brettern lässt sich verstellen, damit auch höhere Pflanzen Platz haben.

SIE BRAUCHEN:

- **2 Bretter, etwa 60 x 20 x 2 cm, mit rund geschliffenen Kanten**
- **Stift**
- **Maßband**
- **Bohrmaschine mit Bohrer**
- **8 m Schnur oder Strick (bei sehr hohen Räumen muss die Schnur länger sein)**
- **Wäscheklammern**
- **Teekräuter, zum Beispiel Minze oder Zitronenstrauch**
- **Blumenerde (Universalerde)**
- **Vermiculit (oder Perlit)**
- **Kunststofftöpfe mit Abzugslöchern**
- **wasserdichte Übertöpfe aus leichten Materialien**
- **Gießkanne**

Wer es farbenfroh mag, kann gefärbte Stricke verwenden und die Regalbretter lackieren.

1 Bohren Sie in jede Ecke der beiden Holzbretter je ein Loch in 2 cm Abstand zum Rand. Legen Sie das Brett dazu auf einen alten Tisch oder ein Stück Holzabfall. Die Löcher sollten so groß sein, dass die Schnur bzw. der Strick problemlos hindurchpassen.

Die vier geknoteten Enden müssen sich auf der Unterseite der Bretter befinden.

2 Schneiden Sie den Strick in vier gleiche Stücke zu je 2 m – oder länger, falls Sie ein hohes Zimmer haben. An das Ende jedes Stücks kommt ein Knoten. Das andere Ende wird durch ein Loch des Bretts gefädelt. Dann fädelt man die übrigen drei Schnurstücke durch die anderen Löcher.

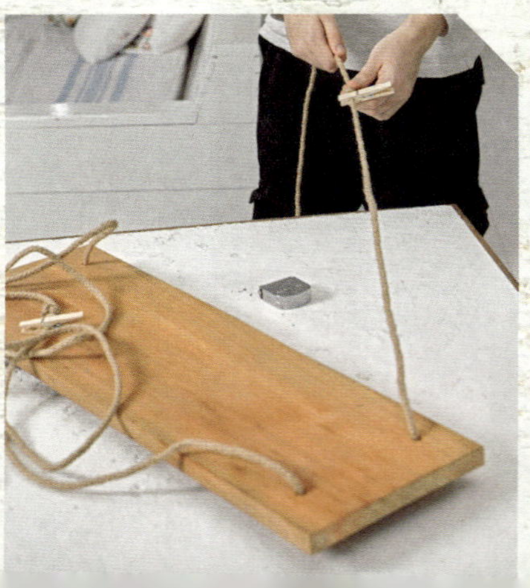

3 Um herauszufinden, wie groß der Abstand zwischen den Brettern sein muss, messen Sie die Höhe der Pflanzen und lassen noch etwas Spiel, damit sie wachsen können. Spannen Sie einen Strick und markieren Sie mit einer Wäscheklammer, wo das nächste Regalbrett sitzen soll.

Für frischen Kräutertee überbrüht man die Blätter mit kochendem Wasser und lässt sie fünf Minuten ziehen.

4 Machen Sie über jeder Wäscheklammer einen Knoten und fädeln Sie die Schnüre durch die Löcher des zweiten Bretts. Justieren Sie die Knoten, falls das Brett nicht exakt horizontal hängt.

5 Nun setzen Sie die Kräuter in Plastiktöpfe mit Abzugslöchern. Als Substrat dient Blumenerde, vermischt mit einer Handvoll Vermiculit. Stellen Sie die Töpfe in wasserdichte, dekorative Übertöpfe.

Laufende Pflege

Die Kräuter werden alle zwei, drei Tage gewässert. Das Substrat darf nie staunass sein – leeren Sie die Übertöpfe, falls sich Wasser darin sammelt. Alle zwei Wochen düngt man mit einem Grünpflanzendünger. Mehr als einmal in der Woche sollte man Kräuter nicht abernten. Sterben Triebe ab, schneidet man sie ganz zurück, sodass neue austreiben.

Zunächst kommt ein Kräutertopf in die Mitte jedes Regals, dann stellt man links und rechts weitere Töpfe dazu.

6 Das Ende jeder Schnur wird fest zu einer Schlinge verknotet. Hängen Sie jede Schlinge an einen tragfähigen Haken an der Decke oder am Querbalken über dem Fenster. Zum Schluss stellt man die Kräutertöpfe gleichmäßig verteilt auf die Regalbretter.

Kräuter alle zwei bis drei Tage wässern.

Orchideen auf Borke sind ein unübersehbarer Wandschmuck. Wenn die Triebe zum Licht wachsen, siedelt man das Arrangment auf die gegenüberliegende Wand um.

Auch in der Natur wachsen Orchideen mitunter auf der Rinde von Bäumen.

Level 2
Mittel

Essbare Orchideen auf Borkenstücken

Dendrobien sind essbare Orchideen, die wie eine Mischung aus Grünkohl und Gurke schmecken. Man kann sie als **Garnitur für Kuchen** verwenden bzw. wie **Tempura** panieren und braten. Sie werden in Töpfen gezogen oder, wie 'Berry Oda', auf **Borke** aufgebunden und an der Wand befestigt (siehe Projekt).

Auswahl

Es gibt viele Arten von Dendrobien. Ihre Blüten sind zwar alle essbar, doch reagieren manche Menschen allergisch darauf. Probieren Sie zur Sicherheit vorab ein winziges Stückchen. Welche Art wie gepflegt werden muss, steht in der Regel auf den Pflanzenetiketten. Viele Formen bevorzugen im Winter eine kühle Umgebung und im Sommer viel Wärme. Alle Dendrobien gedeihen am besten an hellen Standorten ohne direkte Sonne. Für Kuchendekor bestreicht man die Blüten mit Eiweiß, bestäubt sie mit Puderzucker und lässt das Ganze 24 Stunden trocknen.

Blüten als Garnitur

Dendrobien mögen es ganzjährig hell, vertragen aber im Sommer keine pralle Sonne.

Sorten
Orchideen wie diese 'Berry Oda' wurden speziell für die Kultur in Wohnungen mit Zentralheizung gezüchtet. Trotzdem brauchen sie wie alle Dendrobien hohe Luftfeuchtigkeit und viel Luftzirkulation.

Phalaenopsis
Diese Orchideen sind immergrün und blühen zwei- bis dreimal im Jahr. Sie mögen es im Sommer warm, zwischen den Blütezeiten aber sollte man sie kühler stellen und weniger wässern.

Dendrobium nobile
Sie blühen im Sommer und mögen es in dieser Zeit warm, während es im Winter kühler und trockener sein sollte. Zwischen den Wassergaben lässt man daher die Substratoberfläche austrocknen.

Im Überblick

1-2 Std.

Hell stellen; Temperaturansprüche von Jahreszeit und Art bzw. Sorte abhängig

Im Sommer alle zwei Tage, im Winter wöchentlich wässern

Wöchentlich mit Orchideendünger versorgen

Blüten bei Bedarf abschneiden

Projekt »

Essbare Orchideen aufbinden

Für ein Wandarrangement mit Borke eignen sich **kompakte Dendrobien** mit zarten, süß duftenden Blüten am besten. Man hängt sie an einen **hellen Platz** in der Nähe eines Fensters und **besprüht** sie täglich mit Wasser. Außerdem muss mehrmals wöchentlich **gewässert** werden.

Die Orchideen werden auf der Borke aufgebunden, wenn sie gerade nicht blühen. Dann sind sie weniger gestresst und können sich besser anpassen.

SIE BRAUCHEN:

- kleine Dendrobie, z. B. 'Berry Oda'
- Kleiderbügel aus Draht oder ein kurzes, zu einem Haken gebogenes Stück Draht
- Küchen- oder Gartenschere
- Stück Rinde von einer Korkeiche oder einem anderen Baum (im Handel erhältlich); alternativ eine Schieferplatte
- kleinen Beutel Sphagnum-Moos
- kleine Rolle transparente Angelschnur
- kleine Rolle mitteldicker Draht zum Befestigen
- Schraubenzieher
- Schraube oder kleinen Bilderhaken für Wände
- Sprühflasche
- Eimer

Mit derselben Methode kann man Dendrobien auch auf Schieferplatten fixieren.

1 Wässern Sie die Pflanze ein paar Stunden vor dem Aufbinden. Holen Sie sie über einer sauberen Fläche aus dem Topf. Personen mit einer Pflanzenallergie sollten dabei Handschuhe tragen. Kratzen Sie mit dem Haken des Kleiderbügels vorsichtig die Erde aus dem Wurzelballen heraus. Die Wurzeln sollten möglichst sauber sein.

2 Schneiden Sie mit einer scharfen, sauberen Schere die Wurzeln behutsam auf etwa 10 cm Länge zurück. Das fördert, nachdem man die Orchidee auf der Borke aufgebunden hat, die Bildung neuer Wurzeln. Außerdem entfernt man vor dem Aufbinden alle abgestorbenen oder alten Triebe der Orchidee.

3 Schlagen Sie die Wurzeln vorsichtig in feuchtes Sphagnum-Moos ein. Anschließend wird das Moos mit der Angelschnur fixiert. Sie darf nicht zu fest gezogen werden, um die Wurzeln nicht zu verletzen oder einzuschnüren.

4 Schneiden Sie ein Stück Angelleine zurecht. Binden Sie ein Ende um das Borkenstück und knoten Sie es fest. Das andere Ende lässt man lose hängen. Legen Sie die Orchidee auf die Borke und wickeln Sie die Schnur vorsichtig zwei- bis dreimal um die Borke und den in Moos eingeschlagenen Wurzelballen, sodass er gut festsitzt.

5 Wickeln Sie ein Stück Angelschnur fest um den oberen Bereich der Borke und knoten Sie es fest. Dann befestigt man an der Rückseite der Borke ein Stück Draht an dieser Angelschnur oder bohrt mit einem Schraubenzieher zwei Löcher in die Borke und fädelt den Draht hindurch. Daran wird das Arrangement an die Wand gehängt.

Laufende Pflege

Die auf dem Borkenstück aufgebundene Orchidee muss vom Frühjahr bis zum Herbst täglich mit Wasser besprüht werden - im Winter jedoch nur alle zwei, drei Tage. Im Frühjahr und Sommer taucht man das ganze Arrangement zweimal wöchentlich für 10-15 Min. in Wasser, damit die Wurzeln Flüssigkeit aufnehmen können. Gelegentlich gibt man vorher einen Dünger in der empfohlenen Dosis in das Wasser. Lassen Sie das Arrangement abtropfen, bevor Sie es wieder an die Wand hängen. Im Winter bringt man es in einen kühlen Raum - 10-13 °C sind ideal - und wässert nur noch einmal wöchentlich.

Wässern einer Dendrobie auf Borke

Essbare Blüten

Dekorative Genüsse

Überraschend viele Blüten sind essbar. Ihr Repertoire an Geschmacksnuancen und Farben ist groß. Die hier vorgeschlagenen Schönheiten werten Salate und Kuchen auf, gereichen aber auch anderen Speisen zur Zier.

Kultur

Kauf und Aussaat

Kaufen Sie die Blumen während ihrer Wachstumsphase im Frühjahr und Sommer. Unter Veilchen und Stiefmütterchen gibt es nicht nur Frühjahrs- und Sommer-, sondern auch Winterblüher.

Licht und Wärme

Alle hier genannten Blüten brauchen viel Sonne. Frühjahrsblumen blühen bei kühlen Bedingungen länger, während Sommerblumen besonders bei Wärme gedeihen.

Wässern

Alle essbaren Blüten müssen gut gewässert werden, dürfen jedoch nicht im Wasser stehen, sonst faulen sie.

Laufende Pflege

Düngen Sie wöchentlich mit einem kalireichen Blühdünger, sofern die Blumenerde nicht bereits vorgedüngt ist.

Ernte

Zwicken Sie die voll geöffneten Blüten mitsamt Stängel ab. Das regt die Pflanze zur Bildung weiterer Blüten an (ausgenommen Tulpen).

Die besten Indoor-Blüher

Die Zahl der Blütenpflanzen, die nicht nur Augenweide, sondern auch Gaumenschmaus sind, ist riesig. Für die Indoor-Kultur aber eignen sich folgende Formen am besten. Detailliertere Pflegetipps finden Sie meist auf den Etiketten beim Kauf.

GÄNSEBLÜMCHEN ♥
Bellis perennis
Gänseblümchen sind auf Grasflächen allgegenwärtig. Man kann ihre Blütenblätter zum Garnieren von Desserts, Suppen und Salaten verwenden. Nicht geeignet sind sie für Personen, die unter Heuschnupfen leiden,denn sie können eine allergische Reaktion auslösen.

VEILCHEN ♥
Viola
Veilchen, zu denen auch die Stiefmütterchen zählen, liefern Blüten mit zartem Kopfsalatgeschmack. Manche Formen blühen sogar im Winter. Die Blüten lassen sich kandiert auf Kuchen, Keksen und Desserts setzen oder frisch in Salate mischen.

TULPEN ♥
Tulipa
Die Blütenblätter schmecken erbsenartig. Weil sie aber leicht giftig sind, sollte man sie besser nur als Dekoration verwenden. Manche Menschen reagieren auch allergisch, wenn sie in Kontakt mit Tulpen kommen, z. B. mit den Blättern. Finger weg von den Zwiebeln – sie sind giftig!

Koch-tipps

Juwelen der Küche

Pfannkuchen bekommen **Farbtupfer,** wenn man den Teig beim Braten mit den Blütenblättern von Gänseblümchen bestreut. **Veilchenblüten** tun sich mit nur leicht angemachtem Eisbergsalat zu einem delikaten Snack zusammen. Zum **Kandieren** von essbaren Blüten wie Veilchen und Dendrobien bestreicht man die Blüten mit Eiweiß, taucht sie in Puderzucker und lässt sie etwa 24 Stunden härten (siehe auch S. 53). **Streuen Sie** die Blütenblätter von Primeln auf einen Salat mit Blattsalaten, Gurke, Walnüssen, Trauben und Ziegenkäse.

Orchideen mit Zuckerglasur auf einem Kuchen

Primeln bereichern Desserts um Farbtupfer.

Aromatisieren Sie ein Glas Schaumwein mit Lavendelblüten.

Duftende Nelken schmecken nach Gewürznelken.

PRIMELN ♥
Primula
Zu den essbaren Formen zählen neben den Garten- und Kissenprimeln auch Schlüsselblumen. Alle haben einen dezent süßen Geschmack und können kandiert werden, um Kuchen und Desserts zu garnieren. Entfernen Sie aber die Stängel.

LAVENDEL ♥
Lavandula
Der aromatische Geschmack von Lavendelblüten passt zu süßen wie würzigen Speisen. Man kann mit ihnen Zucker für Kuchen und Desserts aromatisieren oder ein paar Blüten in ein Glas Schaumwein geben. Lavendel verfeinert zudem Fleischgerichte und Speiseeis.

NELKE ♥
Dianthus
Nelken zeichnen sich durch einen würzigen Geschmack aus, der an Gewürznelken erinnert, vor allem die duftenden Sorten. Entfernen Sie vorher aber den weißen unteren Teil der Blütenblätter, denn er schmeckt bitter.

Im Überblick

2-3 Std. zum Lackieren der Leiter und Eintopfen

Ein heller, sonniger Raum mit 14-22 °C

Alle ein bis zwei Tage wässern

Ab der 6. Woche wöchentlich düngen

Blüten nach Bedarf abzwicken

Level 1
Leicht

Blumenleiter für Gourmets

Frühlingssalat mit essbaren Blüten

Stehen Töpfe mit **essbaren Blüten** auf einer kleinen Trittleiter in einem hellen Raum, bekommen sie **viel Licht** und haben außerdem **reichlich Platz.** Durch Kombination **saisonaler Blumen** erreicht man Farben- und Formenvielfalt.

SIE BRAUCHEN: • kurze Holz-Trittleiter • Schleifpapier • Grundierung und Emulsionsfarbe für Holz • Pinsel • Pflanztöpfe, Untersetzer und Übertöpfe verschiedener Größe • essbare Blüten (S. 56-57) • Blumenerde • alten Gürtel (bei Bedarf) und Klebemasse • Kalidünger

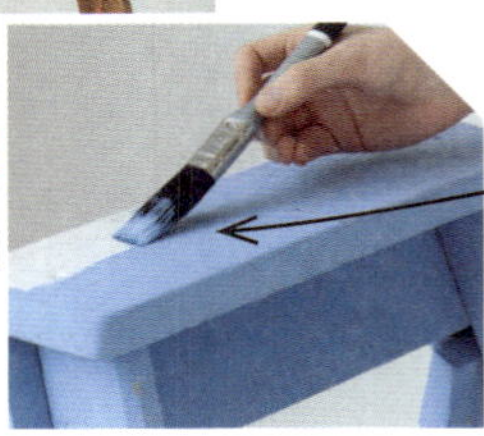

Die Emulsionsfarbe sollte farblich zum Innendekor passen.

1 Schmirgeln Sie die Trittleiter mit dem Schleifpapier ab, tragen Sie eine Grundierung auf und lassen Sie sie trocknen. Anschließend kommen ein, zwei Schichten Emulsionsfarbe darauf.

2 Wählen Sie niedrigwüchsige Blumen, die zwischen die Stufen passen. Unter die Töpfe kommen Untersetzer, sofern man sie nicht in wasserdichte Übertöpfe stellt. Als Substrat verwenden Sie Einheitserde. Breite Töpfe sichern Sie mit einem alten Gürtel oder einer dicken Schnur.

3 Befestigen sie den Boden der Untersetzer kleinerer Töpfe mit Klebemasse an den Trittstufen. Die Pflanzen müssen gut gewässert werden, prüfen Sie daher täglich, ob das Substrat trocken ist. Nach sechs Wochen beginnt man Kalidünger in das Gießwasser zu geben.

Die essbaren Blüten von Kräutern wie Schnittlauch und Lavendel schmecken ähnlich wie die Blätter.

Stellen Sie ein Arrangement unterschiedlichster essbarer Blüten zusammen, die nicht nur gut aussehen, sondern auch schmecken.

Im Überblick

1 Std. für alles

Volle Sonne

Alle drei bis vier Tage wässern

Alle zwei Wochen eine Dosis Volldünger

Ernten, sobald die Stängel reif sind

Level 2
Mittel

Zitronengras aus gekauften Stängeln ziehen

Zitronengras ist eine wichtige Zutat etlicher **asiatischer Gerichte.** Das große **tropische Kraut** lässt sich zu Hause kultivieren, indem man einige frische Stängel aus dem Handel in einem **sonnigen Zimmer** bewurzelt.

SIE BRAUCHEN: • Zitronengrasstängel • Schneidebrett • scharfes Messer • Wasserglas oder -krug • kleine Plastiktöpfe • Blumenerde • größeres Pflanzgefäß für ältere Pflanzen

Beim Pflanzen dürfen die empfindlichen Wurzeln nicht verletzt werden.

1 Entfernen Sie die äußeren Blätter von den Stängeln. Schneiden Sie mit einem Messer die obere Hälfte ab. Sie können sie für Pfannen- und Reisgerichte verwenden.

2 Die untere Hälfte kommt in ein Glas mit frischem Wasser. Stellen Sie das Glas einige Wochen an einen hellen Platz ohne direkte Sonne. Bald bilden sich Wurzeln.

3 Füllen Sie einige Plastiktöpfe mit Blumenerde, drücken Sie ein Loch in das Substrat und stecken Sie einen bewurzelten Stängel hinein. Erde andrücken und wässern.

Pflege und Ernte

Stellen Sie das Zitronengras in ein helles, sonniges Zimmer. Das Substrat sollte feucht, aber nicht nass sein. Alle 14 Tage düngt man die Pflanzen. Sobald sie 45–60 cm hoch sind, können sie geerntet werden. Schneiden Sie die Stängel ab und stutzen Sie das Laub etwas.

4 Ab nun muss regelmäßig gewässert werden. Bald sollten sich die ersten Blätter bilden. Sobald Wurzeln durch die Abzugslöcher wachsen, wird es Zeit zum Umtopfen.

Duftnesseln brauchen viel Sonne.

Duftnesseln können als Kräutertee aufgebrüht werden. Sie lindern Husten und Magenschmerzen.

Die Pflanzen müssen gleichmäßig über den Servierwagen verteilt werden, damit er nicht kippt.

Brauchen Pflanzen viel Sonne, kommen sie auf das obere Tablett, während man Minze auf das untere stellt. An den Griffen können Hängetöpfe befestigt werden.

Level 2
Mittel

Cocktailkräuter und -früchte

Beeindrucken Sie Gäste mit **Cocktails,** die Sie mit frischen, selbst gezogenen Zutaten wie **Minze, Duftnesseln** und **Erdbeeren** von einem **Cocktail-Servierwagen** zubereiten. Ein solches Pflanzenregal ist praktisch und sieht ausgesprochen dekorativ aus (siehe Projekt auf der nächsten Seite).

Frisches von der Pflanzen-Bar

Ein Servierwagen ist das ideale Pflanzenregal für Kräuter, essbare Blüten und Obst. Die Mexikanischen Minigurken und Duftnesseln (*Agastache*) stellt man auf das obere Tablett oder in die sonnigste Ecke. Erdbeeren und Minze dagegen kommen mit weniger Licht zurecht und sind auch auf dem unteren Tablett oder in einem Hängetopf an den Seiten gut aufgehoben. Wer keinen Servierwagen hat (oder keinen Platz dafür), kann auch eine große Fensterbank oder ein Hängeregal (S. 48) nutzen.

Stellen Sie den Servierwagen alle paar Tage um, damit die Pflanzen von jeder Seite Sonne bekommen.

Cocktailkräuter und -früchte

Ziehen Sie Ihre Cocktailzutaten selbst. Welche Kräuter und Früchte Sie für welche Cocktails brauchen, erfahren Sie aus Cocktailrezepten (oder auf Seite 65). Limetten, Erdbeeren und Minigurken sind perfekte Zutaten und Garnierung zugleich.

Minze
Pfefferminze und Grüne Minze sind die häufigsten Cocktailminzen, doch kann man noch viele weitere Formen ausprobieren (siehe S. 66–67).

Erdbeeren
Monatserdbeeren fruchten den ganzen Sommer hindurch (mehr über Sorten und die Kultur auf S. 172–173).

Mexikanische Minigurken
Diese Mini-Wassermelonen schmecken wie Gurken mit einem Hauch Limette. Man kann sie im Mixer pürieren oder zum Garnieren verwenden (mehr auf S. 157–159).

Erdbeeren in einem Daiquiri? Sind einen Versuch wert!

Im Überblick

Insgesamt 3–4 Std.

Volle Sonne oder Halbschatten

Alle zwei bis drei Tage wässern

Obst: Sobald die Blüten erscheinen, düngt man wöchentlich mit Kalidünger; Kräuter werden alle 14 Tage mit Grünpflanzendünger versorgt.

Obst wird reif geerntet, Kräuter nach Bedarf.

Projekt »

Kräuter und Früchte für einen Cocktail-Servierwagen

Wenn Sie sich gern Cocktails mixen, sollten Sie sich **Kräuter, Blüten** und **Früchte** wie die hier vorgeschlagenen kaufen. Sie können sogar das ganze **Ensemble im Cocktaildekor** halten, indem Sie es auf einem Servierwagen drapieren und in **Eiskübel** pflanzen.

Duftnesseln und Minze sind mehrjährig. Man stellt sie daher im Winter an einen kühlen Platz.

SIE BRAUCHEN:

- Cocktail-Servierwagen
- 1 Duftnessel
- 3-4 kleine Minzepflanzen in Töpfen mit Abzugslöchern (Sorten- und Pflegetipps auf S. 66-67)
- 3 Monatserdbeeren in Plastiktöpfen mit Abzugslöchern (Sorten- und Pflegetipps auf S. 169-173)
- 2-3 Mexikanische Minigurken in Plastiktöpfen mit Abzugslöchern (Sortenvorschläge und Pflegetipps auf S. 157-159)
- tonhaltiges Substrat (etwa Einheitserde Typ P bzw. Pikiererde)
- Kies
- Blumenerde
- Plastiktöpfe
- Eiskübel und Wanne
- 2 wasserdichte Hänge- oder Wandblumenkästen mit Haken
- goldfarbenes Lackspray für Metalle
- Gießkanne mit Brause

1 Pflanzen Sie zunächst die Duftnessel in stark durchlässiges Substrat. Wässern Sie gut und lassen Sie das Wasser ablaufen. Bereiten Sie eine Mischung aus tonhaltigem Substrat und Kies (70 : 30) vor.

2 Füllen Sie einen Teil dieser Mischung in einen Plastiktopf, der in den Eiskübel passt. Setzen Sie die eingetopfte Pflanze auf das Substrat. Nach dem Einpflanzen sollte sie 1-2 cm unter dem Rand sitzen.

3 Holen Sie die Duftnessel aus ihrem alten Topf und pflanzen Sie sie in den größeren. Dazu füllt man um den Wurzelballen die Erde-Kies-Mischung ein und drückt sie leicht fest.

Bedecken Sie das Substrat mit einer Lage Kies.

4 Wässern Sie die Pflanze gut. Dann wird das Substrat mit Kies als Mulchschicht bedeckt. Das sieht gut aus und verhindert, dass die Feuchtigkeit verdunstet.

5 Besprühen Sie den Eiskübel mit dem Goldspray. Lassen Sie die Farbe trocknen, setzen Sie die eingetopfte Duftnessel hinein und stellen Sie den Kübel auf den Wagen.

6 Jede Minze in ihrem Topf wässern und Wasser ablaufen lassen. Kasten besprühen, trocknen lassen, Minzetöpfe hineinstellen und Kasten auf das untere Regal stellen.

7 Wässern Sie die Minigurken in ihren ursprünglichen Töpfen. Dann abtropfen lassen und in einen wasserdichten Kasten mit Hängehaken setzen. Gefäße auf einer Seite des Wagens an die Griffe hängen, ohne dass der Wagen umkippt.

8 Zum Schluss werden die Erdbeeren in ihren Töpfen gewässert. Töpfe in den zweiten Kasten mit Haken stellen und den Kasten an die andere Seite des Servierwagens hängen. Alle Pflanzen immer gut gießen, ohne sie staunass werden zu lassen.

Cocktailrezepte

Strawberry Martini

Ein paar Handvoll Erdbeeren pürieren. Mit einem Spritzer Wermut und Gin (oder Wodka) abschmecken. Mit etwas Eis mixen und mit einer Erdbeere und Minigurke servieren.

Mint & Cucamelon Pimm's

Krug mit Pimm's und Limonade füllen und umrühren. Eis, Minzezweiglein und halbierte Erdbeeren sowie Minigurken dazugeben.

Cocktails mit Kräutern und Früchten

Minze

Mentha

Minze gehört zu den unkompliziertesten Kräutern. Sie gedeiht im Halbschatten und braucht kaum Pflege, breitet sich aber rasch aus. Damit sie keine Nachbarn verdrängt, pflanzt man sie allein in einen Topf.

Hängende Minzetriebe können bis zu 1 m lang werden.

Pfefferminze (Mentha × piperita) schmeckt voll und frisch. Sie kann in Kräutertees oder als Gewürz verwendet werden.

Pfefferminze

Kultur

Kauf und Aussaat

Minze ist ein sommergrünes Kraut, das im Winter einzieht. Man kauft Jungpflanzen im Frühjahr oder Frühsommer und topft sie in größere Gefäße mit Blumenerde um, damit sie Platz zum Ausbreiten haben. So sichert man sich außerdem Nachschub.

Licht und Wärme

Minze gedeiht an einem kühlen Platz im Halbschatten am besten. Wenn man sehr stark gießt, kann es auch ein wärmerer, sonnigerer Standort sein. Drehen Sie die Pflanzen alle paar Tage, damit sie gleichmäßig wachsen. Wichtig ist im Sommer ein guter Luftaustausch.

Wässern

Minze wird gewässert, wenn die Substratoberfläche auszutrocknen beginnt. Ein guter Wasserabzug in den Töpfen ist wichtig, damit die Pflanzen keine Pilzkrankheiten bekommen.

Laufende Pflege

Je nach Form kann Minze über 60 cm hoch werden, braucht also genug Raum nach oben. Wenn das Laub nach einigen Monaten seine kräftige Farbe verliert, sollte man alle ein, zwei Wochen düngen.

Ernte

Bevor man zu ernten beginnt, sollte die Minze mindestens 30 cm hoch sein. Dann kann man die Triebspitzen um mindestens drei Blattpaare kürzen.

Basilikum-Minze

BASILIKUM-MINZE ▶
(*Mentha* × *piperita* fo. *citrata* 'Basil')
Diese Form verbindet den Geschmack von Pfefferminze mit dem von Basilikum und bereichert pikante Speisen. Man kann sie in einer Pesto-Sauce oder in Nudelgerichten anstelle von Basilikum verwenden.
Höhe: 60 cm

HÄNGEMINZE
(*Micromeria douglasii*) Streng genommen ist sie gar keine Minze, aber sie schmeckt und heißt so. Die Triebe des immergrünen Krauts können bis zu 1 m lang werden. Es eignet sich vor allem für Blumenampeln.

Die besten Indoor-Formen

Es gibt Hunderte von Minze-Arten und -Sorten. Die Palette reicht vom erfrischenden Geschmack der Pfefferminze bis hin zu Minzen mit Schokolade-, Basilikum-, Grapefruit- oder Apfelaroma. Manche warten sogar mit ungewöhnlichem Laub auf. So gibt es etwa eine fast schwarz gefärbte Sorte der Pfefferminze oder die panaschierte Ananas-Minze. Alle können drinnen kultiviert werden.

ANANAS-MINZE
(*Mentha suaveolens* 'Pineapple')
Das Aroma dieser Sorte erinnert leicht an Ananas. Sie ist ideal für Pudding und andere Desserts. Zudem bringt man mit ihr eine frische Note in Obstsalate. Die Blattränder sind dekorativ panaschiert.
Höhe: 20–30 cm

SCHOKOLADEN-MINZE
(*Mentha × piperita* fo. *citrata* 'Chocolate')
Ihr intensiver Minzgeschmack wird durch eine Schokoladennote ergänzt. Für Tees und Desserts ist die Schoko-Minze daher wie geschaffen. Die kompakte Sorte hat dekorativ gefärbtes dunkles Laub.
Höhe: 30–45 cm

RUNDBLÄTTRIGE MINZE
(*Mentha suaveolens*)
Die scharf-frische Minze passt besonders gut zu Lammgerichten, aber auch zu Erbsen und Kartoffeln. Sie kann ziemlich hoch werden, trägt hellgrünes Laub und duftet herrlich.
Höhe: bis 90 cm

LIMETTEN-MINZE
(*Mentha × piperita* fo. *citrata* 'Lime')
Ihre Blätter begeistern mit einem erfrischenden Limettenduft. Man verwendet sie für Fisch- und Hähnchengerichte, bringt sie aber auch in heißen und kalten Tees sowie Cocktails zum Einsatz.
Höhe: 40 cm

Vermehrung

Neue Minzepflanzen kann man sich kostenlos zulegen – es reicht, einige Triebe von einer bestehenden Pflanze abzunehmen und sie in Wasser zu stellen. Sobald sie Wurzeln bildet, pflanzt man sie in Blumenerde, die man konstant feucht hält. Bald werden sich weitere Triebe und Blätter bilden.

Koch-tipps

Vielseitige Minze

Geben Sie ein Zweiglein zu kochenden Kartoffeln.
Mischen Sie ein paar Blätter in Speiseeis und Obstsalate.
Erfrischender Minzetee beruhigt den Magen und fördert die Verdauung.
Für eine Sauce zu Lamm Pfefferminze hacken und mit 1 TL Zucker sowie etwas kochendem Wasser in eine Schale geben. Abkühlen lassen, das meiste Wasser abseihen, mit Essig abschmecken.
Rollen aus Feta-Käse können in gehackter Minze, Schnittlauch und Kreuzkümmel gerollt und mit einem Gurkenstück, einer Olive und einem Minzeblatt (unten) auf ein Spießchen gesteckt werden.

Minzige Canapés

Ein Arrangement unterschiedlich hoch gehängter Blumenampeln ist ein echter Hingucker. Sie müssen zum Wässern und Düngen aber noch bequem erreichbar sein.

Hängen Sie das Glas vor ein sonniges Fenster und drehen Sie es alle paar Tage, damit die Pflanzen optimal gedeihen.

Für Kräuter, die hoch werden – etwa Ananas-Salbei –, verwendet man Vasen als Pflanzgefäß.

Minze braucht ein großes Gefäß, um zu gedeihen.

Level 2
Mittel

Hängende Kräutergärten

Wer keine sonnige Fensterbank für seine Kräuter hat (S. 36–39), kann sich mit **hängenden Krügen oder Vasen** behelfen. Sie werden an einem hellen Fenster mit Haken an die **Decke** gehängt (siehe Projekt).

Kräuter optimal pflegen

Hängende Gefäße sind nicht schwer zu basteln. Achten Sie aber darauf, dass sie groß genug für die jeweiligen Kräuter sind. Man kann sie in einer zur Inneneinrichtung passenden Farbe lackieren. Etwas mehr Spannung schafft man, indem man sie in unterschiedliche Höhen hängt. Alle paar Tage sollte man die Gefäße drehen, damit die Pflanzen gleichmäßig wachsen.

Ideal für Hängegefäße sind kleine Thymian-, Minze-, Salbei- und Basilikumpflanzen.

Weitere Pflanzgefäße

Jedes Glas und jeder Kunststofftopf mit großer Öffnung und mehr als 18 cm Tiefe lässt sich zum Hängegefäß umfunktionieren. Wüchsige Gewächse wie Minze gedeihen in großen Töpfen besser. Falls sie nicht zu schwer sein sollen, wählt man Exemplare aus Kunststoff aus – wie etwa auf dem Bild unten.

Behälter aus dem Haushalt wie Plastikschüsseln, Blecheimer und sogar große Biergläser lassen sich zu Hängegefäßen umfunktionieren. Wie es geht, erfahren Sie auf der nächsten Seite.

Im Überblick

- 2 Std. Vorbereitungszeit inkl. Lacktrocknung
- Volle Sonne 10–22 °C
- Wässern, wenn sich die Substratoberfläche trocken anfühlt
- Alle zwei bis vier Wochen Grünpflanzendünger geben
- Blätter nach Bedarf abschneiden

Projekt »

Hängegefäße für Kräuter basteln

Das Gefäß sollte jeweils **tief genug** für die Pflanze sein. Sinnvoll ist eine Dränageschicht auf dem Boden, in der sich Wasser sammeln kann. Die **Halterungen** der Gefäße sollten dekorativ sein. Für einen modernen Look fertigt man sie aus Stromkabeln. Juteschnüre dagegen wirken eher rustikal.

Wässern Sie die Kräuter, sobald sich die Oberfläche des Substrats trocken anfühlt. Gießen Sie aber nicht zu viel.

SIE BRAUCHEN:

- **Glasgefäß, etwa ein großes Marmeladeglas oder eine Vase mit einer mindestens 18 cm breiten Öffnung**
- **mindestens 10 m isoliertes Stromkabel (aus dem Baumarkt) oder eine Juteschnur**
- **Beilagscheibe oder Ring**
- **Lack für Glas oder Kunststoff (je nach gewähltem Gefäß - siehe S. 69)**
- **Styroporteile, in kleine Stücke zerbrochen**
- **Kies für die Pflanzenkultur**
- **mehrere kleine Kräuter (siehe S. 40-41, 46-47, 66-67, 72-73 und 74-75)**
- **tonhaltiges Substrat**
- **große, robuste Schraubhaken (wahlweise kann der Topf auch an eine Gardinenstange gehängt werden)**

1 Zerschneiden Sie das Stromkabel (oder die Schnur) in vier mindestens 1,5 m lange Stücke. An einem dieser Stücke wird das Gefäß aufgehängt. Nehmen Sie es doppelt und streifen Sie die Beilagscheibe bzw. den Ring über ein Ende, sodass sich eine Schlinge bildet (links). Dann fädelt man die beiden Enden durch die Schlinge (unten).

2 Ziehen Sie das Kabel fest. Wiederholen Sie Schritt 1 nun mit den anderen drei Kabelstücken, sodass Sie zum Schluss einen Topfhalter haben.

3 Lackieren Sie die untere Hälfte des Glases. Ein welliger Rand sieht aus, als habe man es eingetaucht. Tragen Sie zwei Schichten auf, lassen Sie aber jede austrocknen.

4 Stellen Sie das Glas auf den Kopf. Legen Sie das verschnürte Ende der Halterung auf den Glasboden und knüpfen Sie seitlich vier einfache Knoten in die Kabel.

5 Teilen Sie jedes Kabel in zwei Einzelkabel. Knoten Sie je zwei aneinandergrenzende Einzelkabel am oberen Ende des Glases zusammen – insgesamt vier Knoten.

6 Holen Sie das Glas wieder aus der Halterung. Geben Sie eine Lage Styroporstückchen als Dränageschicht hinein (siehe S. 28). Darüber kommt eine Lage Kies und zum Schluss etwas Substrat.

7 Wässern Sie die Pflanze und holen Sie sie aus dem alten Topf. Setzen Sie sie ins Glas und füllen Sie um die Wurzeln Substrat ein. Das Substrat etwas festdrücken, damit keine Lufteinschlüsse bleiben.

8 Setzen Sie das Glas wieder in die Halterung und binden Sie die Kabel- bzw. Schnurenden oben zusammen. Hängen Sie das Ganze an einen Haken in der Decke oder an eine Gardinenstange.

Oregano & Petersilie

Origanum vulgare & Petroselinum crispum

Die ansehnlichen Kräuter gedeihen in der Sonne und im Halbschatten gleichermaßen. Sie sind gute Topfpflanzen für Küchenfensterbänke. Mit ihren nährstoffreichen Blättern würzt man allerlei warme und pikante kalte Speisen.

Oregano (links) und krause Petersilie

Kultur

Kauf und Aussaat

Oregano ist eine Staude, Petersilie eine zweijährige Pflanze, die im ersten Jahr Blätter und im zweiten Blüten bildet. Beide kauft man als Jungpflanzen. Werden sie größer, setzt man sie in einen größeren Topf um. Als Substrat ist eine Mischung aus tonhaltigem Substrat und feinem Kies (3:1) ideal.

Licht und Wärme

Die beiden Kräuter gedeihen auf einer Fensterbank, müssen in der prallen Sonne jedoch häufiger gewässert werden. Öffnen Sie bei Hitze das Fenster, um die Luftzirkulation zu verbessern.

Wässern

Oregano und Petersilie brauchen gut durchlässiges Substrat. In nasser Erde leiden sie, weshalb man sie nur gießen sollte, wenn sich der Wurzelballen trocken anfühlt. Setzen Sie beide Kräuter in Töpfe mit Abzugslöchern. Die Töpfe kommen auf Untersetzer.

Laufende Pflege

Man düngt von März bis September mit Grünpflanzendünger. Oregano zieht im Winter ein und treibt im Frühjahr neu aus. Ist der Ballen stark durchwurzelt, topft man ihn um. Petersilie erntet man nur im ersten Jahr, im zweiten schmeckt sie oft bitter.

Ernte

Zwicken Sie die Triebspitzen ab, aber immer nur einige auf einmal, um die Pflanze nicht zu schwächen.

Die besten Oregano-Formen

Es gibt allerlei Oregano-Formen – panaschierte, goldgelbe und grüne. Alle sehen gut aus, wenn man sie über die Topfränder wachsen lässt. Oregano passt zu Fisch und Fleisch.

GOLD-OREGANO ▶
(*Origanum vulgare* 'Aureum')
Über seinen gelben Blättern erscheinen im Sommer rosa Blüten, die ebenfalls essbar sind. Man würzt mit ihm Pizzas und Nudelgerichte oder verwendet die Zweiglein zum Garnieren.
Höhe und Breite: 45 × 45 cm

MAJORAN ▲
(*Origanum majorana*)
Majoran ist eng mit Oregano verwandt. Die grünlaubige Pflanze schmeckt etwas süßer und wird vor oder nach dem Kochen frisch auf Fleisch- und Fischgerichte gestreut.
Höhe und Breite:
45 × 60 cm

PANASCHIERTER OREGANO ▶
(*Origanum vulgare* 'Country Cream')
Mit seinem weiß-grün gefärbten Laub und dem etwas kleineren Wuchs unterscheidet sich diese Form von anderen. Er eignet sich zum Garnieren, doch kann man die Blätter grob gehackt auch in Salate geben.
Höhe und Breite:
30 × 30 cm

Die besten Petersilie-Formen

Petersilie wird vor allem in zwei Formen angeboten. Sie sind die perfekte Garnierung für würzige Speisen und lassen sich ausgezeichnet mit Knoblauch und Zwiebeln kombinieren.

KRAUSE PETERSILIE ▶
(*Petroselinum crispum*)
Die krausblättrige Form schmeckt mild und wird für Gerichte mit hellfleischigem Fisch verwendet.
Höhe und Breite:
40 × 40 cm

GLATTE PETERSILIE ▶
(*Petroselinum crispum* var. *neapolitanum*)
Die glattblättrige italienische Form hat einen intensiveren Geschmack als die krause.
Höhe und Breite:
60 × 60 cm

Koch-tipps

Kochen mit Oregano

Streuen Sie Oregano-Blätter über selbst gemachte Tomaten-Mozzarella-Pizza.
Schneiden Sie Beefsteak und Tomaten in Scheiben und braten Sie sie mit Zitronenschnitzen und Oregano.

Kochen mit Petersilie

Rühren Sie eine Mischung aus gehackter Petersilie, zerdrücktem Knoblauch und Gewürzen in schonend gegarte Gerichte.
Mischen Sie Petersilie mit Zitronensaft und -schale, Walnussöl, Honig, Sesamöl und -samen als Dressing für einen leckeren Salat.
Türkisches *Raki Soslu Barbunya* wird aus Rotbarbe mit Raki, Zitronen und Petersilie zubereitet.

Raki Soslu Barbunya

Salbei & Rosmarin

Salvia & Rosmarinus

Die würzigen Blätter dieser immergrünen Sträucher lassen sich über Jahre hinweg vom Frühjahr bis zum Herbst ernten. Man wertet mit ihnen Fleisch- und Gemüsegerichte geschmacklich auf.

Salbei (links) und Rosmarin

Kultur

Kauf und Aussaat

Salbei und Rosmarin werden am besten aus Jungpflanzen gezogen, die es ganzjährig zu kaufen gibt. Man holt sie aus ihren Töpfen und setzt sie in ein bis zwei Nummern größere Pflanzgefäße um, falls der Wurzelballen verdichtet wirkt. Als Substrat eignet sich tonhaltige Pflanzerde, die mit etwas feinem Kies vermischt wird, um die Dränage zu verbessern.

Licht und Wärme

In der vollen Sonne auf einer Fensterbank sind die Kräuter am besten aufgehoben. Sie mögen es im Sommer warm und im Winter etwas kühler, aber hell. Öffnen Sie von Frühjahr bis Herbst die Fenster öfter, um die Luftzirkulation zu verbessern.

Wässern

Sowohl Salbei als auch Rosmarin sind mit herkömmlichen Töpfen mit Abzugslöchern vollends zufrieden. Gewässert werden sie nur, wenn das Substrat sich trocken anfühlt. Staunässe lässt die Wurzeln faulen.

Laufende Pflege

Man düngt von Frühjahr bis Frühherbst alle zwei Wochen mit Grünpflanzendünger. Im Frühjahr topft man die mehrjährigen Kräuter in eine Mischung aus tonhaltigem Substrat und Kies (3:1) um.

Ernte

Schneiden Sie immer nur ein paar Triebspitzen ab. Im Winter sollte man die Pflanzen nicht abernten.

Die besten Salbei-Formen

Farbenfrohere Formen lassen sich mit Blütenpflanzen zu einem dekorativen Ensemble in einem Raum oder auf einer Fensterbank kombinieren. Salbei ist ein beliebtes Gewürz für deftige Speisen oder Füllungen. Sorten mit Johannisbeer- oder Ananasaroma werden gern Obstsalaten hinzugefügt.

PURPUR-SALBEI ▲
(*Salvia officinalis* 'Purpurascens')
Eine dunkelviolette Form, die einen schönen Hintergrund für grüne Formen abgibt und auch ähnlich wie diese schmeckt.
Höhe und Breite: 60 × 60 cm

'ICTERINA' ▶
(*Salvia officinalis* 'Icterina')
Die hübschen goldgelb panaschierten Blätter dieser Sorte machen sich gut auf Fensterbänken. Ihre Blätter können wie die Art verwendet werden.
Höhe und Breite: 30 × 45 cm

◀ 'TRICOLOR'
(*Salvia officinalis* 'Tricolor')
Eine sehr schöne Form mit cremegelb gerandeten, graugrünen, nach dem Austrieb violett überlaufenen Blättern. Sie schmeckt wie Echter Salbei.
Höhe und Breite: 30 × 45 cm

◀ ECHTER SALBEI
(*Salvia officinalis*)
In Schweinefleischgerichten und Füllungen englischer Art ist die rein grüne Art am besten aufgehoben.
Höhe und Breite: 60 × 60 cm

JOHANNISBEER-SALBEI ▶
(*Salvia microphylla* var. *microphylla*)
Ein ansehnlicher Salbei, der nach Schwarzen Johannisbeeren duftet und im Sommer auffallende kirschrote Blüten öffnet. Gut für Cocktails.
Höhe und Breite: bis 90 × 20 cm

ANANAS-SALBEI ▶
(*Salvia elegans* 'Scarlet Pineapple')
Hohe Form mit scharlachroten Blüten im Sommer. Die Blätter schmecken nach Ananas und werden gern zum Aromatisieren von Pudding und Speiseeis verwendet.
Höhe und Breite: 90 × 45 cm

Die besten Rosmarin-Formen

Die drei Hauptformen schmecken gleich, haben aber einen etwas unterschiedlichen Wuchs. Die Art (rechts) bildet eine vasenförmige Silhouette, während die Sorte *Rosmarinus officinalis* 'Miss Jessopp's Upright' schmaler und aufrechter wächst. *Rosmarinus officinalis* 'Prostratus' wiederum hat leicht niederliegende, kriechende Triebe.

ROSMARIN ▲
(*Rosmarinus officinalis*)
Er wird meist zum Würzen von Lamm, Huhn und Wild verwendet.
Höhe und Breite: 60 × 40 cm

Koch-tipps

Kochen mit Salbei

Pastassauce macht man aus in Butter gebratenen Blütenknospen und Blättern mit Kapern und Zitronensaft. **Ananas-Salbei** ergibt mit Kiwis, Ananas, Bananen und Orangen eine Obstsalat. **Butternut-Kürbis** 40 Min. in Olivenöl backen, rote Zwiebeln und gehackten Salbei dazugeben und alles weitere 20 Min braten.

Gebackener Kürbis mit Salbei

Kochen mit Rosmarin

Rosmarin grob hacken, mit Knoblauchzehen auf ein Backblech mit Kartoffeln geben und langsam backen. **Bolognese-Sauce** mit gehackten Rosmarinblättern würzen und zu Nudeln servieren.

Sprossen-, Blatt- und Wurzelgemüse

Die meisten dieser Genüsse lassen sich ganz einfach kultivieren. Sprossen und Keimlingsgemüse kann man schon nach ein bis zwei Wochen ernten, Möhren und andere Wurzeln brauchen etwas länger.

Sprossen-, Blatt- und Wurzelgemüse: Basics

Nur wenige Nutzpflanzen lassen sich **schneller** und **leichter** drinnen kultivieren als die Vertreter dieser Gruppe. Sie garantieren eine **konstante Versorgung** mit Frischem.

Sprossen aus altem Gemüseadel

Für sprießende Samen von Bohnen, Erbsen und anderem Gemüse braucht man kein Substrat und keine Spezialausrüstung, trotzdem wird man reichlich entlohnt. Denn die kleinen Nährstoffbomben haben einen umwerfenden Geschmack und sind vollgepackt mit Vitaminen, Mineralien und Antioxidantien. Sie lassen sich kinderleicht kultivieren und treiben schon nach wenigen Tagen in Gläsern oder Keimschalen aus.

Blatt für Blatt

Wer Blattsalate selbst zieht, bekommt sie in Bestform auf den Teller: knackig frisch, wohlschmeckend und mit optimalem Vitamingehalt. Hat man wenig Geduld oder noch weniger Platz, kann man auf Keimlingsgemüse ausweichen. Formen wie Radieschen und Brokkoli können in dieser Form schon nach wenigen Wochen geerntet werden. Für Einsteiger geeignet sind Knoblauchkeimlinge. Ein, zwei Knollen und ein paar kleine Gläser – mehr braucht man nicht für eine Handvoll würziger Sprossen aus der Knolle.

Zurück zu den Wurzeln

Sie werden es nicht glauben: Einige der beliebtesten Wurzelgemüsesorten, etwa Möhren und Radieschen, lassen sich drinnen kultivieren. Man zieht sie am besten durch Aussaat, dann ist die Auswahl an Sorten am größten. So bekommt man Exoten wie violette Möhren und weiße Radieschen, die es im Handel nicht gibt. Das geschützte Umfeld im Haus verhindert zudem einen Schädlingsbefall, sodass der Einsatz von Pflanzenschutzmitteln unnötig wird. Wurzelgemüse mag es hell, aber nicht zu heiß.

Die besten Zonen für Sprossen, Blätter und Wurzeln

Die meisten Formen dieser Gruppe brauchen es eher kühl und sind in den Zonen 2, 6, 7 und 8 am besten aufgehoben. Ist es zu warm, tun sie sich schwer und können schossen, also zu schnell Blüten bilden. Betroffen davon sind insbesondere Radieschen, Rote Beten und Blattsalate.

Zone 1

Südfenster
Die meisten Formen sind zu groß für Fensterbänke. Blattsalate leiden an vollsonnigen, heißen Plätzen. Höchstens Frühlingszwiebeln und Schnittlauch halten dort aus.

Zone 2

Ost- und Westfenster
Sie sind besser für Blattsalate, Keimlingsgemüse und Sprossen geeignet, die es hell, aber nicht so heiß wie in Zone 1 mögen. Es muss allerdings gut gewässert werden.

Zone 3

Unter einem Oberlicht
Von Herbst bis Frühjahr gedeihen Sprossen, Blätter und Wurzeln unter einem Dachfenster gut, im Sommer aber ist es ihnen dort oft zu heiß. Viel gießen ist Pflicht.

Zone 4

Wände
Man kann Sprossen in Gläsern und Keimlingsgemüse auf Regalen an hellen Wänden kultivieren. Letztere müssen täglich gedreht werden. Auch Pilze wachsen auf Regalen.

Zone 5

Dunkle Ecken
Blattgemüse, Frühlingszwiebeln, Radieschen und runde Möhren gedeihen in dunklen Ecken unter Pflanzenlampen. Pilze brauchen kein zusätzliches Licht.

Zone 6

Raummitte
Alle Gruppen reifen in der Mitte eines hellen Raums, solange es dort nicht zu heiß ist. Keimlingsgemüse, Blattsalate und Pilze vertragen aber keine pralle Sonne.

Zone 7

Kühle (unbeheizte) Südzimmer
Helle, kühle Standorte sind für keine der hier erwähnten Gemüseformen ein Problem. Manche Samen keimen allerdings in unbeheizten Räumen schwer aus.

Zone 8

Außenfensterbänke
Alle genannten Gemüseformen gedeihen vor einem Ost- oder Westfenster, Blattsalate manchmal sogar vor einem Nordfenster. Nur Sprossen zieht man besser drinnen.

Im Überblick

Vorbereitungszeit 3 Min.; über Nacht einweichen

Keine direkte Sonne; 18-21 °C

Zwei bis dreimal täglich spülen

Nicht düngen

Gleich nach dem Sprießen ernten

Sprossen im Glas

Level 1
Leicht

Samen und Trockenbohnen keimen im Frühjahr schon nach wenigen Tagen. Sie liefern **nährstoffreiche Sprossen,** die man in Salaten, Eintöpfen, Currys und pikanten Smoothies sowie Säften verwenden kann.

Mungobohnen, die im Dunkeln ausgetrieben sind, haben weniger Nährstoffe als solche, die eine hohe Lichtdosis abbekommen.

SIE BRAUCHEN: • Keimsaaten aus dem Handel (Anregungen auf S. 82-83) • Marmeladen- oder Einmachgläser mit großer Öffnung • feines Sieb • Stück Stoff • Gummiband (für Marmeladengläser)

1 Geben Sie die Samen (oder Bohnen) in ein Einmach- oder Marmeladenglas. Es sollte zu knapp einem Viertel gefüllt werden. Anschließend füllt man das Glas mit kaltem Wasser und lässt die die Samen über Nacht einweichen. Sie absorbieren die Flüssigkeit und schwellen dadurch an.

2 Gießen Sie das Wasser wie oben gezeigt mit einem vor die Öffnung gehaltenen Sieb ab, damit die Samen nicht herausfallen. Sie sollten feucht, aber nicht nass sein, sonst können sich Pilzkrankheiten bilden. Stellen Sie das Glas nicht in die pralle Sonne, sondern am besten in die Nähe des Spülbeckens, um sie für das Spülen griffbereit zu haben.

3 Zwischen den Spülungen legt man ein Stück Stoff auf die Öffnung und fixiert es mit dem Deckel oder einem Gummiband. Spülen Sie die Samen wenigstens zweimal täglich, bis kleine Triebe erscheinen. Dann spült man sie ein letztes Mal, lässt sie abtropfen und legt sie vor dem Verzehr zum Trocknen auf ein Papierküchentuch.

Eine riesige Auswahl an Keimsaaten verschiedenster Geschmacksrichtungen finden Sie bei Spezialanbietern.

Das Stück Stoff verhindert, dass Schmutz und Insekten die Sprossen verderben.

Die Sprossen sind fertig, sobald sich Keimlinge gebildet haben.

Sprossen lassen sich nach dem Keimen im Kühlschrank bis zu einer Woche lagern. Vor dem Verzehr spült man sie aber noch einmal gut.

Sprossen

Eine Auswahl

Sie sind zwar winzig, aber ganz große Nährstofflieferanten. Zudem geben sie pikanten Speisen wie Pfannengerichten, Salaten und Sandwiches Biss und Geschmack. Sie sind in wenigen Tagen erntereif – und damit das schnelle Essen schlechthin.

Die meisten Sprossen sind nach wenigen Tagen erntereif - und damit wie geschaffen für den ungeduldigen Gärtner.

Kultur

Kauf und Aussaat

Im Handel gibt es die verschiedensten Sprossensamen für alle Jahreszeiten zu kaufen.

Licht und Wärme

Um Sprossen in Gläsern keimen zu lassen, verfährt man wie auf S. 80 beschrieben. Der Online-Handel bietet eine große Auswahl diverser Keimgeräte. Die Behälter sollten an einem hellen Platz ohne direkte Sonne stehen. Die meisten Samen keimen bei 18–24 °C.

Wässern

Spülen Sie die Samen zweimal täglich mit sauberem Wasser, bis sie keimen. Normalerweise treiben sie binnen weniger Tage aus.

Laufende Pflege

Die rasch wachsenden Sprossen brauchen keine Pflege, doch sollte man sie nach dem Austreiben nicht länger als ein paar Tage in ihrem Glas lassen.

Ernte

Sind die Sprossen erntereif, spült man sie und verbraucht sie sofort oder lässt sie ein paar Stunden auf einem Küchentuch trocknen. In einem verschließbaren Beutel halten sie sich im Kühlschrank bis zu einer Woche. Schimmelige oder muffige Sprossen wirft man weg.

Arten

Die Auswahl an Arten ist riesig. Sie reicht von milden Luzernen- bis zu Bockshornkleesamen mit Currygeschmack. Das beste Angebot finden Sie bei Spezialanbietern im Netz. Manche führen auch Bio-Ware.

GRÜNE LINSEN
Linsen gibt es in mehreren Farben. Sie schmecken nussig und mild. Ihre Sprossen verwendet man für Suppen, Salate und Eintöpfe.

BROKKOLI
Diese Sprossen mit intensivem Geschmack enthalten besonders viele Antioxidantien. Sie brauchen es kühl, weshalb man sie bei Hitze zweimal täglich spült.

Koch-tipps

Nährstoffbomben

Fast jedes Gericht profitiert von Sprossen – sie verbessern Geschmack und Nährstoffgehalt. Probieren Sie, zu welchen Ihrer Lieblingsspeisen sie passen.

Geben Sie ein paar Sprossen in den Mixer, wenn Sie sich einen Gemüsesmoothie zubereiten.

Keimlinge passen gut in Omeletts, Sandwiches oder auch in Wraps.

In Pfannengerichten, Salaten, Suppen oder Pizzas sind sie nie fehl am Platz.

Tipp: Bockshornsprossen-Curry oder Eintopf mit Gemüse und Kichererbsensprossen.

Sprossen in einem Weinblatt

LUZERNE/ALFALFA

Luzerne gehört zu den Schnellstartern unter den Sprossen. Sie schmeckt mild und wird zum Garnieren und in Sandwiches eingesetzt.

KICHERERBSEN

Gekeimte Kichererbsen enthalten viel Protein und geben zahlreichen warmen und kalten Speisen Volumen und Nährstoffe.

MUNGOBOHNEN

Mit ihrem köstlichen Geschmack und Biss gehören sie zu den beliebtesten Sprossen der Welt. Man findet sie oft in Pfannengerichten und Salaten.

ADZUKIBOHNE

Die kräftig gefärbten, knackigen Adzukibohnen schmecken zart nussig. Die weißen Triebe sollten mindestens 1,5 cm lang sein.

Level 1
Leicht

Keimlingsgemüse in Muffinförmchen

Keimlingsgemüse steckt voller **Nährstoffe** und lässt sich mit geringem Aufwand ziehen. Es braucht **kaum Pflege** und kann das ganze Jahr auf einer Fensterbank ausgesät werden, etwa in **Muffinförmchen** (siehe Projekt). Obendrein sieht es ausgesprochen **dekorativ** aus.

Was ist Keimlingsgemüse?

Die winzigen schmackhaften Blätter sind nichts weiter als die Keimlinge von Nutzpflanzen, die zu reifem Gemüse heranwachsen würden, wenn man sie ließe. Die meisten erntet man, sobald sie nach zwei bis drei Wochen ein paar Blattpaare gebildet haben. Untersuchungen zufolge ist die Nährstoffkonzentration in Keimlingsgemüse höher als in ausgereiften Pflanzen.

Superfood
Da die Keimlinge sofort nach dem Ernten gegessen werden, bleiben ihre Vitamine und Antioxidantien fast zu 100 % erhalten. Man würzt mit ihnen Salate und Sandwiches oder nimmt sie zum Garnieren pikanter Gerichte.

Muffinförmchen sind dekorative und nützliche Pflanzgefäße für Keimlingsgemüse. Ist es erntereif, stellt man sie in die Tischmitte auf eine Kuchenetagere.

Geerntet werden die taufrischen Keimlinge mit einer Schere, kurz bevor man sie verspeist.

Die Keimlinge von Roten Beten sind nach wenigen Wochen erntereif.

Im Überblick

10 Min. zum Vorbereiten und Ansäen

Sonnige Fensterbank bei 14–22 °C

Alle ein bis zwei Tage wässern

Düngen nicht nötig

Ernten, sobald die Pflänzchen drei bis vier Blätter haben

Projekt »

Keimlingsgemüse in Muffinförmchen ziehen

Keimlinge brauchen **Wärme und Licht,** um zu keimen. Im **Frühjahr und Sommer** treiben daher oft am schnellsten **Sprossen** aus.

SIE BRAUCHEN: • große Muffinförmchen aus Silikon • Haushaltsschere • gute Saaterde • Vermiculit (falls verfügbar) • verschiedene Sprossensamen • kleine Gießkanne mit Brause oder Wasserflasche • wasserdichte Schale oder Untersetzer • Kuchenetagere • Spezialschere für Sprossengemüse (falls verfügbar) oder scharfe Schere

1 Drücken Sie eine große Muffinform zusammen (kleine Formen können ebenfalls verwendet werden, müssen aber häufiger gewässert werden). Schneiden Sie mit der Schere ein Loch in den Boden.

2 Füllen Sie die Form bis etwa 5 mm unter den Rand mit hochwertiger Saaterde. Drücken Sie das Substrat leicht mit den Fingern fest, um Lufteinschlüsse herauszupressen.

3 Säen Sie die Samen dicht und gleichmäßig auf das Substrat. Sie müssen alle Kontakt mit dem Substrat haben und dürfen nicht aufeinanderliegen. Drücken Sie die Samen mit den Fingern etwas fest.

4 Bedecken Sie die Samen mit einer dünnen Schicht feinem Substrat (oder Vermiculit, das etwas Licht durchlässt und gleichzeitig die Verdunstung von Gießwasser verringert). Bereiten Sie alle weiteren Muffinförmchen so vor.

Größere Samen, etwa von Sonnenblumen, müssen vor dem Aussäen über Nacht eingeweicht werden, damit sie keimen.

5 Nun werden die Formen in eine Schale oder einen Untersetzer gestellt, vorsichtig mit einer Gießkanne gewässert und auf einer Fensterbank platziert. Drehen Sie die Schale täglich.

6 Wässern Sie alle ein, zwei Tage, damit das Substrat feucht, aber nicht nass ist. Ist das Gemüse erntereif, stellt man die Formen auf eine Etagere oder einen Teller und schneidet die Sprossen ab.

Folgesaaten

Um über einen langen Zeitraum ununterbrochen ernten zu können, sät man jede Woche einen neuen Satz in Muffinförmchen bzw. Töpfchen - oder besät in einer Woche die eine Hälfte einer Schale und in der zweiten die andere. Wer viel auf einmal braucht, nimmt größere Schalen. Zudem lassen sich Sorten kombinieren, die unterschiedlich schnell keimen und wachsen: Sät man sie gestaffelt, sind sie etwa zur selben Zeit erntereif. Drehen Sie die Gefäße alle ein, zwei Tage, damit jeder Keim genug Licht bekommt. Durch Kombination der genannten Saatmethoden können Sie sich das ganze Jahr über mit Sprossen versorgen.

Aussaat mehrerer Sätze

Keimlingsgemüse

Viele Formen

Wo Platz Mangelware ist, sind die winzigen Pflänzchen erste Wahl. Sie brauchen nur ein paar kleine Gefäße und eine Fensterbank oder ein helles Küchenregal. Versuchen Sie farblich und geschmacklich unterschiedliche Sorten zu kombinieren. So haben Sie immer den passenden Nachschub für Salate und Sandwiches.

Radieschen und Rote Beten

Radieschen wachsen schnell und liefern würzige Babyblätter.

Keimlinge von Roten Beten sind farbenfroh und schmackhaft.

Kultur

Man kann Gemüsesamen zu jeder Jahreszeit kaufen und in kleine Plastiktöpfe oder Muffinformen aus Silikon säen. Die meisten keimen binnen weniger Tage (Kulturtipps auf S. 86–87). Stellen Sie Ihr Keimlingsgemüse an einen sonnigen bis halbschattigen Platz und wässern Sie alle ein, zwei Tage. Sobald die Keimlinge zwei bis vier Blätter haben, können sie geerntet werden.

SAMENVORSCHLÄGE

FORM	ERNTEREIF IN …
Radieschen	12 Tagen
Mizuna	12 Tagen
Blattsenf	14 Tagen
Rucola	15 Tagen
Basilikum	15 Tagen
Rote Bete	21 Tagen
Amarant	21 Tagen
Bockshornklee	21 Tagen
Grünkohl	21 Tagen
Koriander	21 Tagen

Empfehlenswerte Arten

Spezialanbieter führen allerlei Saatgut als Keimlings- bzw. Sprossengemüse, auch Microgreens genannt. Man kann jedoch ganz normale Samenpäckchen im Handel kaufen, etwa für Grünkohl, Rote Beten und Basilikum. Die Inhalte unterscheiden sich nicht.

ROTE BETE
Ihre roten Triebe mit den grünen oder roten Blättern schmecken ähnlich erdig wie die ausgereiften Knollen. Sie bringen Farbe in Salate und Sandwiches.

ROTER AMARANT
Die leuchtenden roten Blätter wirken fast durchscheinend. Sie sind eine effektvolle Garnierung für viele Speisen. Das vitamin- und mineralienreiche Laub schmeckt ähnlich wie Kopfsalat.

GRÜNKOHL
Die Keimlinge schmecken milder als die reifen Blätter, haben aber denselben hohen Nährstoffgehalt. Man streut sie kurz vor dem Servieren in Suppen oder Salate.

BOCKSHORNKLEE
Mit ihrem curryähnlichen Geschmack geben die Blättchen Sandwiches, Salaten und Pfannengerichten einen würzigen Kick. Bockshornklee wirkt zudem verdauungsfördernd.

RADIESCHEN
Kaum ein Gemüse keimt und reift rascher als Radieschen. Man peppt mit den würzigen, roten oder grünen Keimlingen warme und kalte Speisen auf.

BASILIKUM
Wer frisches Basilikum genießen, aber nicht auf die reifen Pflanzen warten möchte, kann getrost die Keimlinge verwenden. Sie kommen in mediterranen Gerichten zum Einsatz.

MIZUNA
Durch den milden, leicht pfeffrigen Geschmack der Blätter bekommen Salate Tiefe. Man kann die Keimlinge auch auf Nudel- und Currygerichte geben.

BLATTSENF 'RED FRILLS'
Die rosaroten Blätter bereichern Salate, Pfannengerichte und Sandwiches mit ihrem Senf- und Meerrettichgeschmack. Sie eignen sich auch zum Garnieren.

Koch-tipps

Köstliche Blättchen

Streuen Sie Basilikum- oder Mizuna-Keimlinge auf einen Teller Tomatensuppe. **Käsetoast** mit einer Zusammenstellung verschiedener Keimlings-Sorten macht sich immer gut. **Peppen Sie** ein Omelett mit einer großzügigen Lage Keimlingsgemüse auf. **Milde Keimlinge** ergeben mit gefrorenen Pfirsichen, Bananen, Spinat und Wasser einen gesunden Smoothie. **So gesund** wie köstlich: ein Salat aus Keimlingen, gewürfelten Blutorangen, Avocadoscheiben, geriebenen Möhren und Walnüssen.

Selbst gekochte Tomatensuppe mit Basilikum

Dieses Leiterregal nimmt wenig Platz weg und bietet doch Raum für vielerlei Nutzpflanzen. Sogar Pflanzenleuchten sind integriert.

Level 3
Schwer

Minigewächshaus auf dem Regal

Dringt nicht viel Sonnenlicht in eine Wohnung, kann man sich mit **Pflanzenleuchten** und einem Minigewächshaus behelfen. Damit erweitern Sie die Palette an **Indoor-Nutzpflanzen** enorm. Die Leuchten lassen sich einfach an einem Leiterregal befestigen (siehe Projekt auf der nächsten Seite).

Was sind Pflanzenleuchten?

Pflanzen- bzw. Tageslichtleuchten imitieren das natürliche Lichtspektrum der Sonne, das Pflanzen für ihr Wachstum brauchen. Sie sind in Gartenbau und Landwirtschaft verbreitet, um auch im Winter den Anbau zu ermöglichen, doch gibt es auch kleinere Einheiten für den Hausgebrauch. Erhältlich sind außerdem Anzuchtkästen mit integrierten Pflanzenleuchten.

Vor dem Kauf sollte man die Betriebskosten der verschiedenen Leuchtenfabrikate vergleichen.

Empfehlenswerte Pflanzen

Fast jede Nutzpflanze lässt sich mithilfe einer Pflanzenleuchte heranziehen. Setzt man aber Pflanzenleuchten in Regalen ein, muss man sich auf Gewächse beschränken, die in die Regale passen. Dazu gehören Gemüsesamen, die zum Keimen Licht brauchen, Setzlinge und niedrig wachsende Arten.

Salate und Keimlingsgemüse

Ziehen Sie Keimlingsgemüse und Blattsalate in langen Trögen, um den Regalplatz optimal zu nutzen. Pflanzenleuchten bringen die Samen zum Keimen und liefern auch im Winter genug Licht für Blattgemüse.

'Litte Gem', ein kleiner Romana-Salat

Kräuter

Viele Kräuter, darunter Koriander (Bild), Basilikum, Oregano und Thymian passen auf ein Regal und sind mit dem Licht von Pflanzenleuchten zufrieden.

Radieschen

Die Samen kleiner Gemüsepflanzen wie Radieschen und Frühlingszwiebeln lassen sich vom späten Frühjahr bis in den Herbst nach und nach aussäen. So sichert man sich eine lückenlose Versorgung.

Im Überblick

- 1-2 Std. Vorbereitung
- Halbschatten für die oberen Regalbretter
- Alle zwei bis drei Tage wässern
- Düngung abhängig von der Art der Pflanzen
- Blattsalate und Keimlingsgemüse können ganzjährig geerntet werden.

Projekt »

Ein Minigewächshaus bauen

Jedes **Holzregal** lässt sich zum **Minigewächshaus** für den Anbau von Nutzpflanzen umfunktionieren (siehe auch Projekt auf der nächsten Seite). Je breiter die Regalbretter sind, desto mehr Pflanzen haben Platz. **Verstellbare Regale** sind ideal, falls man höhere Gewächse kultivieren möchte.

Alle Pflanzgefäße müssen absolut wasserdicht sein, damit kein Wasser auf die Regale und in die Leuchten laufen kann.

SIE BRAUCHEN: • Holzregal • Holzfarbe (falls gewünscht) • 1 Leuchtstoffröhre pro Regalbrett • Stift • Lineal • Kabelbinder • Schraubenzieher und Schrauben M10 x 80 mm zur Befestigung des Regals an der Wand (bei Bedarf)

Je nach Fabrikat werden die Pflanzenleuchten unterschiedlich befestigt. Lesen Sie die Installationsanleitungen.

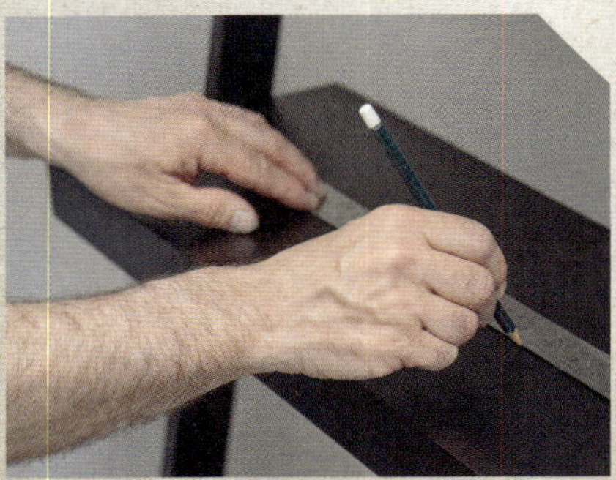

1 Stellen Sie das Regal auf den Kopf und fixieren Sie es, damit es nicht umfallen kann. Messen Sie die Breite der Unterseite eines Regalbretts und ziehen Sie eine Linie der Länge nach über die Mitte des Bretts.

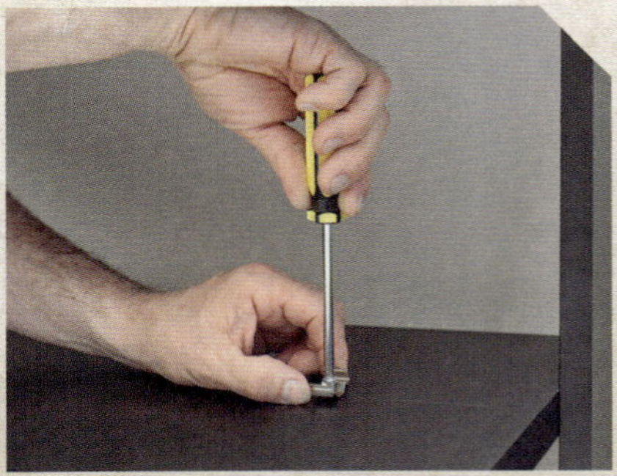

2 Stellen Sie eine Pflanzenleuchte mittig auf die gezogene Linie. Markieren Sie jedes Ende der Leuchte mit dem Stift. Schrauben Sie die Halterungen der Leuchte an die Innenseite dieser Markierungen.

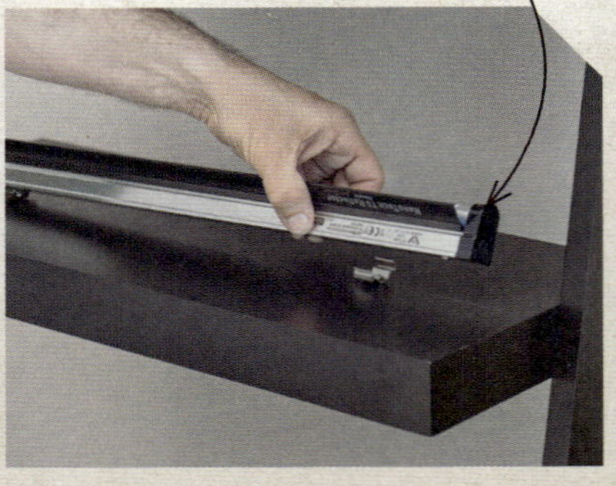

3 Wiederholen Sie Schritt 1 und 2 bei den anderen Regalbrettern, die Sie mit einer Leuchte versehen wollen. Klemmen Sie die Leuchten so in die Halterungen, dass die Netzkabel alle in dieselbe Richtung zeigen.

4 Wenn alle Leuchten befestigt sind, dreht man das Regal um und lehnt es gegen die Wand. Manche Leiterregale müssen zusätzlich mit Schrauben an der Wand befestigt werden. Verbinden Sie jede Pflanzenleuchte mit dem Stromnetz.

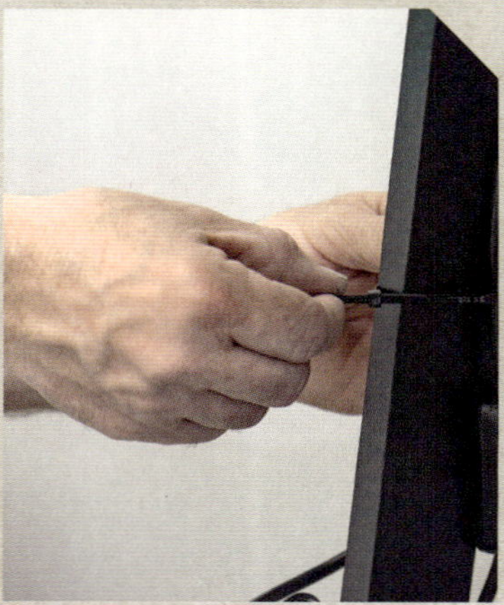

5 Die Stromleitungen werden mit Kabelbindern an der Rückseite des Leiterregals befestigt. So sind sie kaum zu sehen und niemand kann über sie stolpern. Sobald die Pflanzenleuchten eingeschaltet sind, kann man die Pflanzen auf die Bretter stellen.

6 Das Regal kann in der Nähe einer Steckdose in einer dunklen Ecke platziert werden. Wenn man es neben oder unter einem Fenster aufstellt, reicht der natürliche Lichteinfall, um auf den obersten Regalbrettern weitere Pflanzen zu ziehen.

Arrangieren der Pflanzen

Damit Ihre Pflanzen genügend Licht bekommen, sollten sie bis auf wenige Zentimeter bis an die Pflanzenleuchten heranreichen. Sind sie zu weit von der Lichtquelle entfernt, stellt man sie vorübergehend auf Untersetzer. Mit zunehmendem Wachstum kann man diese wieder entfernen. Es gibt stärkere und schwächere Pflanzenleuchten, fragen Sie daher beim Kauf, welches Fabrikat sich für welchen Zweck eignet.

Kleine Pflanzen stellt man auf Gläser.

Weiteres Projekt >>

Blattsalate unter Pflanzenleuchten aussäen

Man kann **Blattsalate** und ähnliches Gemüse wie **Mizuna** in einem langen **Kasten aussäen** und auf ein Regal unter eine Pflanzenleuchte oder auf eine Fensterbank stellen.

Blattsalatsamen treiben rasch aus. Meist kann man schon nach sechs bis acht Wochen ernten.

SIE BRAUCHEN: • langen Kunststoffkasten mit Untersetzer • Blumenerde • Bambusstab • Blattsalatsamen • Vermiculit • Pflanzenetiketten • Gießkanne mit feiner Brause • Schere

1 Hat der Kasten keine Abzugslöcher, bohrt man sie in den Boden. Anschließend wird der Kasten mit Blumenerde gefüllt, die man leicht andrückt. Mit einem Bambusstab drückt man zwei Längsfurchen in das Substrat.

2 Öffnen Sie die Samenpackung und schütten Sie ein paar Samen in eine Hand. Mit der anderen Hand streut man die Samen dünn in die beiden Furchen. Nun werden sie mit etwas Vermiculit bedeckt. Stellen Sie den Kasten zum Schluss auf den Untersetzer und kennzeichnen Sie ihn mit den beschrifteten Etiketten.

3 Wässern Sie das Substrat leicht und stellen Sie den Kasten auf ein Regal mit Pflanzenleuchte, ggf. auf Gläser (siehe S. 93). Die Erde sollte feucht bleiben, aber nicht nass sein. Die Samen keimen nach ein bis zwei Wochen. Sobald sie 5 cm hoch sind, dünnt man sie auf 2 cm Abstand aus.

4 Falls man ausgewachsene Salatköpfe haben möchte, dünnt man die Sämlinge, sobald sie 7 cm hoch sind, erneut auf nunmehr 7 cm Abstand aus. Blumenerde ist meistens vorgedüngt, sodass der Salat keine zusätzlichen Nährstoffgaben braucht. Andernfalls verabreicht man einen Grünpflanzendünger, sobald die Blätter 10 cm hoch sind.

Ab 10 cm Höhe sollte man mit dem Düngen beginnen.

Anbau auf einer Fensterbank oder unter einem Oberlicht

Man kann Blattsalate auf Fensterbänken oder unter Oberlichtern aus Samen ziehen. Zunächst sät man sie dünn in kleine Plastiktöpfe mit Blumenerde und bedeckt sie leicht mit Vermiculit. Dann stellt man die Töpfe, sofern sie gut aussehen sollen, in dekorativen Übertöpfen an einen hellen Platz. Gutes Wässern ist Pflicht. Sobald die Pflänzchen 7 cm hoch sind, dünnt man sie auf ein bis drei Exemplare pro Topf aus (Schritt 3 und 4).

Salat unter einem Oberlicht

5 Pflücksalate, auch Schnittsalate genannt, können auf einmal geerntet werden, indem man den ganzen Kopf bis auf einen 4 cm hohen Strunk zurückschneidet, sobald er 15 cm hoch ist. Der Strunk treibt dann ein zweites Mal aus. Wer nicht alles auf einmal ernten will, zupft die Blätter einzeln von der Pflanze. Auch in diesem Fall wachsen sie wieder nach.

Die Blätter von Pflücksalat werden mit einer Schere abgeschnitten.

Einzelne Blätter ausgewachsener Köpfe erntet man nach Bedarf.

Blattsalate

Lactuca sativa

Blatt- bzw. Gartensalate sind aus Salatmischungen und Sandwiches nicht mehr wegzudenken. Es stehen unzählige Sorten von bitter bis süß und von weich bis knackig zur Auswahl.

Pflanzen Sie 1–3 Exemplare in einen 30-cm-Topf und ernten Sie Blatt für Blatt.

Eichblattsalat 'Green Oak-Leaf'

Kultur

Kauf und Aussaat

Salatsamen ist ganzjährig erhältlich, man kann sich im Frühjahr und Frühsommer aber auch Setzlinge in Multitöpfen aus dem Gartencenter besorgen. Hat man eine Pflanzenleuchte, lassen sich die Samen das ganze Jahr über in Schalen oder Töpfe mit Blumenerde säen. Andernfalls sät man von März bis September alle paar Wochen einen Satz aus. Blattsalate keimen im Nu und können sechs bis acht Wochen nach dem Aussäen geerntet werden.

Licht und Wärme

Blattsalate keimen nicht, wenn es wärmer als 25 °C ist. Am liebsten sind ihnen Temperaturen unter 21 °C. Hitze lässt sie schossen, also zu früh blühen, wodurch die Blätter bitter und ungenießbar werden. Stellen Sie die Pflanzen an einen hellen Platz ohne direkte Sonne.

Wässern

Das Substrat muss feucht gehalten werden, Staunässe lässt die Pflänzchen jedoch faulen. Man setzt sie daher in Gefäße mit Abzugslöchern und stellt sie auf einen Untersetzer.

Laufende Pflege

Sät man in nährstoffarme Saaterde, muss man nach sechs Wochen mit dem Düngen beginnen – ideal ist eine Dosis Grünpflanzendünger alle 14 Tage. Wer in vorgedüngte Blumenerde sät, kann noch ein bisschen mit dem Düngen warten (zur Ernte siehe S. 95).

Empfehlenswerte Formen

Man unterscheidet im Wesentlichen zwei Gruppen von Blatt- bzw. Gartensalaten: solche mit festen und solche mit lockerem Kopf. Letztere werden oft auch Schnitt- oder Pflücksalate genannt, weil die Blätter nachwachsen, wenn man sie schneidet.

◀ ROMANA-SALAT
Romana-Salat bildet schlanke, ovale, feste Köpfe aus knackigen Blättern. Man kann sie zu Köpfen heranwachsen lassen oder die Blätter einzeln ernten, sobald sie größer sind.
Höhe und Breite: 25 × 10 cm

'GREEN BATAVIAN' ▲
Ein Batavia-Salat mit gekräuselten Blättern, nussigem Geschmack und knackiger Textur. Die Sämlinge werden ausgedünnt, damit sich die lockeren Köpfe entwickeln können.
Höhe und Breite: 20 × 25 cm

'LITTLE GEM' ▶
Nur wenige Blattsalatsorten werden früher reif als dieser Kopfsalat. Man sät ihn im Frühjahr aus. Er liefert knackig süße Herzen. Die Sämlinge werden ausgedünnt, damit die übrigen Pflänzchen Platz haben, sich zu Köpfen zu entwickeln.
Höhe und Breite: 20 × 20 cm

'LOLLO ROSSO' ▶
Ein italienischer Pflücksalat mit leicht bitterem Geschmack. Die dekorative Sorte bildet kompakte, lockere Köpfe aus dunkelroten, gekräuselten Blättern.
Höhe und Breite: 15 × 25 cm

'GREEN OAK LEAF' ▲
Die gebuchteten, leicht gekräuselten Blätter dieses Eichblattsalats schmecken süß und sind weich. Man kann den ganzen Kopf auf einmal oder einzelne Blätter ernten. Damit sich lockere Köpfe bilden, dünnt man die Sämlinge aus.
Höhe und Breite: 20 × 25 cm

◀ 'RED OAK LEAF'
Ein Eichblattsalat mit dunkelroten Blättern und leicht bitterem Geschmack, der Würze in gemischte Salate bringt. Er wird wie Pflücksalat behandelt. Die Sämlinge dünnt man aus, damit sie nicht zu eng wachsen.
Höhe und Breite: 20 × 25 cm

Koch-tipps

Blattsalate, richtig serviert

Gebratene Ente oder würziges Hähnchen, in Batavia-Salat gewickelt, ergibt Wraps nach chinesischer Art.
Ein Pfannengericht mit Gemüse, gemischt mit ein paar Blättern Romana-Salat, gehacktem Knoblauch und Sesamöl, ist mal etwas anderes.
Probieren Sie Salsa verde mit Salatblättern, Schalotten, Kräutern, Chilis, Öl und etwas Schale von Zitrusfrüchten.
Einfach, aber erfrischend: geschnittene Radieschen und Avocados auf einem Bett aus knackigen Salatblättern.
Einen einfachen Caesar Salad zaubert man aus frischen Salatblättern mit Hähnchenstreifen, Käse und Croûtons obenauf.

Caesar Salad

Schneiden Sie ein Loch in einen alten Tisch und setzen Sie Catering-Behälter aus Metall hinein. In diese können Sie eingetopfte Salate stellen.

Level 2
Mittel

Würziges Tischdekor

Legen Sie sich ein Arsenal von **Asia-Salaten** zu. Sie werden in Catering-Behälter gestellt, die in einen **Tisch eingelassen** sind. Dieses ungewöhnliche Arrangement beeindruckt Gäste garantiert (siehe Projekt auf der nächsten Seite)!

Aussaat

Asiatische Blattsalate wie Mizuna lassen sich bequem aus Setzlingen ziehen, die man im Gartencenter bekommt. Fast genauso einfach aber ist die Aussaat (siehe S. 204–205). Das Angebot an Saatgut ist zudem wesentlich größer als das fertiger Pflänzchen. Die Salate gedeihen an hellen Plätzen ohne direkte Sonne, ein Esstisch bietet ihnen also fast ideale Wuchsbedingungen.

Kühle Köpfe
Mizuna braucht einen kühlen Raum und muss bei Hitze häufiger gewässert werden.

Asia-Salate: eine Auswahl

Bei Saatgutanbietern findet man eine breite Auswahl unterschiedlichster asiatischer Blattsalate. Die meisten gedeihen vom Frühjahr bis zum Herbst drinnen und brauchen kaum Pflege. Sie müssen lediglich häufig gewässert und gelegentlich mit Grünpflanzendünger versorgt werden.

Pak Choi
Es gibt grün- und violettlaubige Sorten. Man kann Pak Choi als Babysalat oder ausgewachsenen Kopf nutzen.

Chop Suey
Um die pikanten Blätter lange ernten zu können, sät man von Frühjahr bis Sommer alle 14 Tage einen neuen Satz aus.

Mibuna
Wie sein enger Verwandter Mizuna hat Mibuna einen würzigen Geschmack und lässt sich gut aus Samen ziehen.

Im Überblick

- 4 Std. Vorbereitung
- Halbschattig
- Alle ein bis zwei Tage wässern
- Mit Grünpflanzendünger versorgen
- Blätter nach Bedarf ernten

Projekt »

Asia-Salate als würziges Tischdekor

Sie brauchen lediglich etwas Tischlerwerkzeug, um **einen alten Holztisch** oder eine Holzplatte auf Böcken so umzubauen, dass ein **Minibeet** mit Asia-Blattsalaten darauf angelegt werden kann. Frischer kann man die Blätter für **Salate oder Pfannengerichte** nicht ernten.

SIE BRAUCHEN: • alten Holztisch oder Holzplatte • Böcke (für die Holzplatte) • Catering-Behälter aus Edelstahl • Bleistift • Lineal • Bohrschrauber • Stichsäge • Schutzbrille und Staubmaske • Schleifpapier • Plastiktöpfe • Kies • Blumenerde • Mizuna-, Mibuna- und Pak-Choi-Setzlinge

Preiswerte Holztische findet man in Secondhand-Läden sowie auf Flohmärkten oder Wertstoffhöfen.

1 Stellen Sie die Behälter mit der Oberseite nach unten nebeneinander auf die Tischmitte und zeichnen Sie ihre Umrisse ein. Ziehen Sie deren Maße von der Länge und Breite des Tisches ab und teilen sie das Ergebnis durch zwei. Auf diese Weise können Sie die Behälter so platzieren, dass sie sich genau in der Tischmitte befinden.

Ziehen Sie die Umrisse der Catering-Behälter mit einem Bleistift nach.

Das eingezeichnete Rechteck muss etwas kleiner sein als der Umriss der Behälter.

2 Ziehen Sie 5 mm innerhalb der eingezeichneten Umrisse eine weitere Linie und schneiden Sie entlang dieser inneren Linie. So sitzen die Behälter in den Aussparungen und fallen nicht durch.

Bohren Sie ein Loch, um die Stichsäge ansetzen zu können.

3 Bohren Sie ein Loch in eine Ecke des inneren Umrisses, um die Stichsäge ansetzen zu können. Schneiden Sie dann die Aussparung aus der Tischplatte.

Schneiden Sie mit der Stichsäge am Innenrand der Linien entlang.

5 Befüllen Sie die Plastiktöpfe mit Blumenerde. Anschließend werden die Töpfe mit den Setzlingen bepflanzt. Den Boden der Edelstahlbehälter bedeckt man mit einer Dränageschicht Kies. Dann werden die Töpfe in die Behälter gestellt.

Prüfen Sie vor dem Aussägen noch einmal die Maße der Behälter. Die Aussparung darf nicht zu groß sein.

4 Die Edelstahlbehälter müssen gut in das Loch passen. Ist es zu klein, schleift man mit Schleifpapier entsprechend nach. Auch die Kanten können mit dem Schleifpapier abgerundet werden.

6 Die Salate mögen es eher kühl und sollten nicht in der prallen Sonne stehen. In einer dunklen Ecke aber leiden sie ebenfalls. Ideal ist ein Platz neben oder unter einem Fenster. Drehen Sie die Töpfe ggf. alle paar Tage, damit die Salate gleichmäßig wachsen, und wässern Sie sie täglich. Man kann einzelne Blätter nach Bedarf abzupfen oder die Salate erst ernten, wenn sie ganze Köpfe entwickelt haben.

Ausweichmöglichkeit

Wer keinen passenden Tisch zum Umgestalten hat, kann auch ein paar Salate in einem Küchensieb ziehen. Schlagen Sie dazu ein großes Sieb mit Folie und einer Kokosfasermatte aus, füllen Sie es mit Blumenerde und pflanzen Sie die Setzlinge hinein. Am dekorativsten sieht eine Kombination unterschiedlich gefärbter Salate aus. Wässern Sie alle ein, zwei Tage und drehen Sie das Sieb gelegentlich.

Salate im Sieb

Im Überblick

10 Min. Vorbereitungszeit

Sonniger Standort bei 14–22 °C

Das Wasser alle ein bis zwei Tage austauschen

Nicht düngen

Triebe ab 20 cm Höhe ernten

Scharfe Sprossen

Level 1
Leicht

Stellen Sie die **Knoblauchzwiebel oder -zehe** in Wasser – und in nur wenigen Wochen treibt sie **leckere Sprossen** aus. Mit ihnen können Sie Suppen, Pfannengerichte, Salate und Sandwiches aufpeppen.

SIE BRAUCHEN: • Knoblauchzwiebeln (am besten Bio-Qualität) • durchsichtige Schnapsgläser oder Teelichthalter • Schere oder Messer

1 Entfernen Sie die äußere Schale um jede Zwiebel, sodass die Zehen sichtbar werden; trennen Sie die Zehen aber nicht. Stellen Sie jede Zwiebel mit der flachen Seite nach unten auf ein Glas Wasser. Nach ein paar Tagen bilden sich Wurzeln.

2 Stellen Sie die Gläser mit den Zwiebeln an einen hellen Platz in der Wohnung, etwa auf eine Fensterbank oder Küchenarbeitsplatte. Das Wasser muss alle ein, zwei Tage erneuert werden. Bald bilden die Zwiebeln Wurzeln und Sprossen.

3 Sobald die Sprossen mindestens 20 cm lang sind, kann man sie mit einem Messer oder einer Schere etwa 5 cm über dem Ansatz abschneiden. Sie treiben dann noch einmal aus. Manchmal kann man sogar ein drittes Mal ernten.

Knoblauchsprossen kann man auf jeder hellen Fensterbank heranziehen. Es muss jedoch immer genug Wasser in den Gläsern sein, damit die Wurzeln nie austrocknen.

Schneidet man die Sprossen 5 cm über der Knolle ab, darf man mit einer zweiten Ernte rechnen.

Schnittlauch & Frühlingszwiebeln

Allium

Beide Arten gehören zu den Lauchgewächsen. Sie liefern vom Frühjahr bis zum Herbst Nachschub. Mit ihrem milden Zwiebelgeschmack eignen sie sich für viele Gerichte.

Kultur

Kauf und Aussaat

Frühlingszwiebeln sind einjährig, müssen also jedes Jahr neu ausgesät oder als Setzlinge gepflanzt werden. Die Samen kommen im Frühjahr in kleine Töpfe mit Saaterde. Sät man bis zum Spätsommer alle paar Wochen einen neuen Satz an, kann man lange kontinuierlich ernten. Setzlinge werden in Blumenerde gepflanzt. Schnittlauch ist mehrjährig und treibt jedes Frühjahr neu aus. Er wird im Frühjahr ausgesät oder in kleinen Töpfen gekauft.

Licht und Wärme

Beide Pflanzen sind mit einer Fensterbank zufrieden, sofern sie nicht gerade zu einem Nordfenster gehört. Sie vertragen kühle Bedingungen, gedeihen aber auch in warmen Zimmern

Wässern

Halten Sie das Substrat feucht, vermeiden Sie jedoch Staunässe, etwa indem Sie Gefäße mit Abzugslöchern wählen und sie auf Untersetzer oder wasserdichte Schalen stellen.

Laufende Pflege

Während der Saison gibt man den Pflanzen einige Male einen Flüssigdünger, etwa aus Seetang, damit die Blätter grün bleiben.

Ernte

Frühlingszwiebeln sind meist sechs bis acht Wochen nach der Aussaat erntereif. Schnittlauch erntet man, sobald die Blätter lang genug sind.

Sowohl die Blätter als auch die Blüten von Schnittlauch sind essbar.

Schnittlauch und Frühlingszwiebel 'Apache'

Schnittlauch

Es gibt zwei Hauptformen, die drinnen beide vom Frühjahr bis zum Spätherbst Blätter liefern. Im Sommer stellt man sie kühl, damit sie nicht umfallen, und wässert sie regelmäßig.

SCHNITTLAUCH ▶
(*Allium schoenoprasum*)
Die schmalen Blätter haben einen milden Zwiebelgeschmack. Im Juni erscheinen kugelige rosa Blüten, die ebenfalls essbar sind
Höhe: 30 cm

SCHNITT-KNOBLAUCH ▶
(*Allium tuberosum*)
Die Blätter dieses Lauchs, auch Chinesischer Schnittlauch genannt, sind dicker und schmecken kräftiger als der eigentliche Schnittlauch. Man kann sie roh oder gekocht essen.
Höhe: 50 cm

Frühlingszwiebeln

Es gibt zwar eine Reihe von Arten und Sorten, geschmacklich unterscheiden sie sich aber kaum. Solche mit großen Zwiebeln sind für die Indoor-Kultur nicht zu empfehlen. Im Handel werden Frühlingszwiebeln auch Winter- oder Lauchzwiebeln genannt.

◀ 'WHITE LISBON'
(*Allium cepa* 'White Lisbon')
Eine beliebte, verlässliche Sorte mit langen weißen Stangen und dunkelgrünen, milden Blättern.
Höhe: 25 cm

◀ 'PERFORMER'
(*Allium fistulosum* 'Performer')
Diese Form bildet eine Zwiebel mit weißen Stangen und dunkelgrünen Blättern. Mit ihrem milden Geschmack wird sie gern in Salaten und Pfannengerichten eingesetzt.
Höhe: 30 cm

'APACHE' ▶
(*Allium cepa* 'Apache')
Eine hübsche, knackige Form mit violetten Stangen und dunkelgrünen Blättern. Sie eignet sich besonders für die Gefäßkultur.
Höhe: 25 cm

Koch-tipps

Schnittlauch

Mischen Sie Schnittlauch und Butter als Sauce für Steaks, Fisch und Gemüse. **Gehackter Schnittlauch** und gedünstete Frühlingszwiebeln ergeben eine pikante Beilage.

Frühlingszwiebeln

Hacken Sie Frühlingszwiebeln, Tomaten, reife Avocados und Jalapeño-Chilis und streuen Sie alles mit geriebenem Käse über Nachos. Dann wird die Mischung gebraten, bis der Käse schmilzt. **Gehackte** Frühlingszwiebeln und Gurken in Naturjoghurt sind ein schneller Dip. **Werten Sie** eine Miso-Suppe mit Nudeln und Frühlingszwiebeln, rohen Möhren und roten Paprika auf.

Miso-Suppe

Stellen Sie Radieschen und Rote Beten auf eine Bank oder einen gefliesten Boden neben einem großen Fenster bzw. einer Glastür. Die Töpfe brauchen Abzugslöcher.

Die Blätter von Radieschen und Roten Beten kann man roh in Salaten oder gedünstet genießen.

Level 2
Mittel

Leckere Knollen

Knackige, pfeffrig scharfe **Radieschen und Rettiche** sind die **Sprinter** unter den Gemüsesorten und **kinderleicht** in einem Topf am Fenster zu ziehen. **Rote Beten** wollen ein paar Monate gepflegt werden, bis man ihre süßen, **nahrhaften Knollen** genießen kann (siehe Projekt).

Pflanzgefäße

Für die üblichen runden Radieschen reicht ein flaches, 15 cm tiefes Pflanzgefäß. Sät man allerdings die Sorte 'French Breakfast' oder sogar den langen weißen Winterrettich, braucht man größere Töpfe. Rote Beten benötigen einen mindestens 25 cm tiefen und breiten Topf. Die Pflanzen werden an einen möglichst sonnigen Platz gestellt – ein Nordfenster reicht nicht aus.

'French-Breakfast'-Radieschen in einer Zinkschüssel

Empfehlungen

Die Auswahl an Radieschen ist groß, am leichtesten und schnellsten aber lassen sich die kleinen runden ziehen (weitere Vorschläge auf S. 110–111). Die besten Roten Beten für drinnen sind diejenigen mit kleinen Knollen.

'Burpee's Golden'
Mit ihrer orangen Schale und dem goldgelben Fleisch weicht diese Bete-Sorte etwas von der Norm ab. Die golfballgroßen Knollen sind süß und schmackhaft.

Reiben Sie diese goldgelbe Sorte in Salat.

'Cherry Belle'
Die runden Knollen dieser Radieschensorte haben eine hellrote Schale und ein knackiges, weißes Fleisch mit mildem Geschmack.

'Boltardy'
Diese beliebte Rote-Bete-Sorte schosst kaum und liefert runde Knollen mit herrlich süßem Geschmack und zartem Fleisch.

'Barbietola di Chioggia'
Eine hübsche Rote Bete mit kleinen runden Knollen, deren Fleisch in konzentrischen weißen und rosa Ringen gefärbt ist.

Im Überblick

- 2–3 Std. Vorbereitung
- Volle Sonne
- Jeden 2. Tag wässern
- Sechs bis acht Wochen nach dem Pflanzen mit dem Düngen beginnen
- Radieschen und Rettiche vier bis sechs Wochen nach der Aussaat ernten, Rote Bete zehn bis zwölf Wochen nach dem Pflanzen

Projekt »

Radieschen und Rote Beten in Töpfen

Das schmackhafte Wurzelgemüse gedeiht von **Frühjahr** bis **Herbst.** Man kann es **aussäen** oder aus **Setzlingen** ziehen, die es im Frühjahr im Gartenhandel zu kaufen gibt. Wer genug Platz hat, **sät alle 14 Tage** einen neuen Topf an und wird so monatelang kontinuierlich mit frischem Gemüse versorgt.

Rettiche müssen alle paar Tage gewässert werden, damit die Wurzeln nicht aufplatzen.

SIE BRAUCHEN: • 2 mindestens 15 cm tiefe Töpfe für Rettiche und einen wenigstens 25 cm tiefen und breiten Topf für Rote Beten • Untersetzer für jeden Topf • Radieschensamen • Rote-Bete-Setzlinge • Blumenerde • Gießkanne mit Brause

Radieschen ansäen

1 Stellen Sie den Topf auf seinen Untersetzer. Füllen Sie ihn bis 2 cm unter den Rand mit feuchter Blumenerde und drücken Sie das Substrat leicht fest. Dann ziehen Sie mit einem Stift zwei etwa 1 cm tiefe Furchen kreisförmig in die Erde. Nehmen Sie die Samen Prise für Prise und streuen Sie sie dünn in die Furchen. Zwischen den Samenkörnchen sollte etwa 5 mm Abstand bleiben. Die Samen mit Erde abdecken, vorsichtig wässern und den Topf vor ein helles Fenster stellen.

2 Wässern Sie die Sämlinge gut. Die Erde sollte feucht, aber nicht dauerhaft nass sein. Wenn sich nach zehn bis zwölf Tagen die ersten Blätter bilden, dünnt man aus, sodass die übrigen Pflänzchen mit je 2–3 cm Abstand wachsen.

3 Wässern Sie jeden zweiten Tag, bei Hitze auch jeden Tag. Der Topf muss öfter einmal gedreht werden, damit die Triebe nicht einseitig zum Licht wachsen und zu lang und dünn werden. Nach vier bis sechs Wochen sollten die Wurzelenden aus der Erde ragen. Man zieht sie nun vorsichtig an ihren Blättern heraus. Lassen Sie die Radieschen nicht zu lange in der Erde, da sie sonst holzig werden.

Rote Beten aus Setzlingen ziehen

Pflanzen Sie die Setzlinge möglichst bald ein, denn in den Multitöpfen zusammengepfercht leiden sie.

1 Füllen Sie den Topf für die Roten Beten bis 2 cm unter den Rand mit Blumenerde und drücken Sie sie etwas fest. Dann wässert man die Setzlinge gut und holt einen Satz aus der Multitopfplatte heraus.

2 Trennen Sie die einzelnen Setzlinge aus den Ballen heraus. Versuchen Sie dabei die feinen Wurzeln nicht zu verletzen.

3 Drücken Sie mit einem Stift ein Loch in die Erde, setzen Sie ein Pflänzchen hinein und bedecken Sie die Wurzeln mit Erde. In 8 cm Abstand weitere Setzlinge pflanzen.

4 Topf an einen hellen Platz stellen und wöchentlich drehen, um ein gleichmäßiges Wachstum zu erreichen. Setzlinge gut wässern. Geerntet wird, sobald die Beten etwa golfballgroß sind.

Rettiche & Co.

Raphanus sativus, Raphanus sativus var. sativus

Rettiche bzw. Radieschen sind das ideale Einsteigergemüse. Sie keimen nach dem Ansäen rasch und sind schon nach einem Monat erntereif. Mit ihnen bringt man Schwung in jeden Salat.

Kultur

Kauf und Aussaat

Säen Sie Rettiche und Radieschen vom zeitigen Frühjahr bis zum Sommer in Töpfe mit Blumenerde. Es gibt zwar auch Setzlinge im Handel, weil die Samen aber so rasch keimen, ist die Aussaat unkompliziert. Die langen weißen Winterrettiche können auch im Herbst in mindestens 20 cm tiefe Töpfe gesät werden.

Licht und Wärme

Rettiche und Radieschen sind Pflanzen aus kühlen Regionen und haben Schwierigkeiten, bei mehr als 21 °C zu keimen. Wer sie im Sommer säen möchte, sollte das in einem kühlen Zimmer tun oder die Klimaanlage auf 18 °C stellen. Winterrettiche brauchen es noch kälter. Man kann sie getrost im Herbst in einem Außenfensterkasten ziehen, falls es drinnen zu warm ist.

Wässern

Regelmäßiges Wässern ist unabdingbar, vor allem bei Hitze, sonst platzen die Wurzeln und die Pflanzen schossen.

Laufende Pflege

Sobald die Jungpflanzen 5–8 cm hoch sind und ein paar Blätter haben, dünnt man sie auf 2–3 cm Abstand aus. Düngen ist unnötig – das Substrat enthält genug Nährstoffe.

Ernte

Rettiche und Radieschen lassen sich ganz einfach ernten: Man zieht die Wurzeln am Kraut aus der Erde, sobald sie zu sehen sind.

Die besten Indoor-Formen

Das Angebot an Rettich- bzw. Radieschensorten ist groß – es reicht von scharfen und würzigen bis zu milden Formen. Und es gibt sie in ungewöhnlichen Farben wie Schwarz, Weiß, Gelb und Violett.

'ZLATA' ▶
Ein ungewöhnliches gelbes Radieschen mit ovalen Knollen und knackigem, pfeffrigem weißem Fleisch.
Höhe und Breite: 15 × 10 cm

'SCARLET GLOBE' ▲
Eine preisgekrönte Radieschensorte mit hellroten, gleichmäßig geformten Knollen. Knackig-zartes Fleisch und milder Geschmack.
Höhe und Breite: 15 × 10 cm

◀ **'SPARKLER'**
Runde, rotschalige Knollen mit weißem unterem Ende. Sie haben einen milden Geschmack und sind eine dekorative Salatzutat.
Höhe und Breite: 15 × 10 cm

'AMETHYST' ▶
Das satte Violett dieser Radieschen bildet einen schönen Kontrast zu roten Sorten. Sie schmecken scharf-pfeffrig und geben Salaten sowie Beilagen Schwung.
Höhe und Breite: 15 × 10 cm

◀ **'KULATA CERNA'**
Ein ungewöhnlicher Rettich mit schwarzer Schale und weißem Fleisch. Die Knollen werden 5–8 cm dick, verholzen nicht und verlieren ihren Geschmack auch beim Lagern nicht.
Höhe und Breite: 15 × 15 cm

'FRENCH BREAKFAST' ▲
Eine beliebte alte Sorte mit zylindrischer Form, würzigem Geschmack und fester Textur. 'French Breakfast 3' ist eine Variante mit weißer Spitze.
Höhe und Breite: 15 × 10 cm

Radieschen 'French Breakfast'

◀ **WINTERRETTICH**
Der auch Daikon oder Mooli genannte Rettich kann gebacken, gekocht, gerieben oder gebraten werden. Er lässt sich gut lagern. Ausgesät wird er von Spätsommer bis Herbst.
Höhe und Breite: 15 × 15 cm

Koch-tipps

Rettichrezepte

Radieschen, dünn geschnitten und mit Salsa verde sowie gehackter Minze bedeckt, ergeben eine farbenfrohe Vorspeise.

Das obere Ende einiger 'French-Breakfast'-Radieschen abschneiden. Knollen aushöhlen und mit grüner oder schwarzer Oliven-Tapenade füllen. Den Deckel wieder auf die Knollen stecken – und schon ist der Appetizer fertig!

Radieschen in zerlassene Butter tauchen, in den Kühlschrank stellen und mit Meersalzflocken servieren.

Räucherlachs mit Frühlingszwiebeln, gehackten Radieschen, Joghurt und Meerrettich ist eine feine Vorspeise.

Geben Sie Radieschenscheiben auf ein Omelett.

Räucherlachs mit Radieschen

Level 2
Mittel

Knackige Möhren

Sogar Möhren lassen sich **drinnen** in Töpfen kultivieren. Es gibt neben den **orangefarbenen Formen** (siehe Projekt nächste Seite) Sorten in fast allen **Regenbogenfarben.** Sie brauchen einen **kühlen Raum** mit viel **Licht.**

Drinnen kultivierte Möhren sind vor der Möhrenfliege geschützt. Deren Larven schädigen die Wurzeln.

Langsamer, aber steter Wuchs

Möhren sind nichts für den ungeduldigen Gärtner. Die meisten Sorten brauchen von der Aussaat bis zur Erntereife mindestens acht Wochen. Sät man aber ein paar Töpfe im zeitigen Frühjahr und weitere bis in den Sommer hinein an, kann man im Sommer und Herbst mehrere Male ernten. Möhren brauchen ein helles, kühles Zimmer und sehr gute Dränage (siehe Projekt), denn in staunassem Substrat faulen die Wurzeln.

Ausgedünnte Möhren kann man verwerten.

Wählen Sie Sorten mit unterschiedlichem Aussehen.

Farbenfroh

Herkömmliche Möhren in typischem Orange gibt es überall preiswert zu kaufen. Es lohnt sich daher eher, ungewöhnlichere Formen zu ziehen, etwa Möhren in selteneren Farben wie Violett, Gelb, Rot oder sogar Weiß. Sie sind ebenso als Saatgut erhältlich wie winzige Züchtungen, die sogar in flachen Pflanzgefäßen gedeihen. Man kann unterschiedlich geformte Sorten in ein und demselben Topf ziehen, sofern sie dieselben Ansprüche haben (siehe dazu die Angaben auf den Samenpäckchen) und in etwa gleich lang sind. Für die Möhrenkultur eignen sich verzinkte Eimer, farbige Kunststoffkisten und tiefe, breite Pflanzgefäße.

Flache Pflanzgefäße eignen sich für tischtennisballgroße runde Formen.

Das gefiederte Möhrenlaub wertet jedes Indoor-Gemüsebeet auf.

Aus Möhren- und Kräutertöpfen (hier mit Thymian) lässt sich ein Arrangment zusammenstellen, das dieselben sonnigen Standorte bevorzugt. Das Substrat muss immer feucht bleiben, darf aber nie staunass werden.

Im Überblick

1-2 Std. Vorbereitung

Volle Sonne

Alle zwei bis drei Tage wässern

Alle zwei Wochen Flüssigdünger verabreichen

8-20 Wochen nach der Aussaat ernten

Projekt »

Möhren im Eimer

Genau die richtigen Bedingungen finden **Möhren** in einem **Plastikeimer** mit Abzugslöchern vor. Der Eimer wird einfach in ein **wasserdichtes Gefäß** gestellt. Damit haben Sie auch noch ein dekoratives Gestaltungselement für Ihr Zuhause.

SIE BRAUCHEN: • verzinkten Eimer oder ein ähnliches hohes Gefäß • Plastikeimer, der in den verzinkten Eimer passt • Bohrmaschine • Blumenerde und Sieb • Saaterde • Gießkanne mit feiner Brause • Flüssigvolldünger

Öffnen Sie die Fenster so oft wie möglich, damit die Möhren viel frische Luft haben.

1 Besorgen Sie sich ein wasserdichtes, mindestens 20 cm tiefes Gefäß für durchschnittlich lange Möhren. Wenn Sie kleine runde Sorten pflanzen, genügt auch ein 15 cm tiefes Gefäß. Besorgen Sie dann ein ähnlich großes Plastikgefäß, das in das wasserdichte passt. Bohren Sie etwa fünf Abzugslöcher hinein.

2 Füllen Sie das Plastikgefäß bis etwa 8 cm unter den Rand mit Blumenerde. Obenauf kann man noch eine 1 cm dicke Schicht Saaterde streuen, damit die Samen optimale Keimbedingungen haben. Säen Sie die Möhrensamen dünn auf das Substrat und bedecken Sie es mit 1 cm gesiebter Saaterde. Zum Schluss wird die Erde leicht mit der Hand festgedrückt.

3 Stellen Sie das Plastikgefäß in das größere wasserdichte Gefäß. Wässern Sie die Samen vorsichtig mit einer Gießkanne mit feiner Brause oder befeuchten Sie sie mit einer Sprühflasche. Nun bringt man das Gefäß in einen kühlen Raum mit viel Licht. Nach einigen Wochen sollten die Samen keimen.

4 Wässern Sie die Saaten immer gut, aber nicht so stark, dass die Erde völlig durchnässt ist, denn das vertragen die Möhren nicht. Gießt man versehentlich zu viel, nimmt man das Plastikgefäß heraus, lässt es abtropfen und leert auch das äußere Gefäß.

5 Sobald die Möhren 10–12 cm hoch sind, dünnt man sie so aus, dass sie 2–3 cm Abstand zueinander haben. Man kann die ausgezupften Minimöhren roh naschen und das gefiederte Laub in Salate und Sandwiches geben.

6 Wenn die Wurzeln wachsen, wird auch das Laub immer höher. Bald sieht man das obere Ende der Möhren aus der Erde ragen. Nach 8–14 Wochen (bei einigen Sorten auch später) kann man die Wurzeln aus der Erde ziehen.

Kühle Rübe

Möhren, auch Karotten oder Gelbe Rüben genannt, keimen bei Temperaturen zwischen 15 und 21 °C am besten. Wärmer sollte es in dem Zimmer, in dem sie stehen, nicht sein. Zieht man sie vor einem Fenster, dreht man das Pflanzgefäß alle ein, zwei Tage, damit die Blätter nicht langtriebig werden.

Möhren brauchen alle zwei Wochen einen Flüssigdünger, sofern das Substrat nicht bereits vorgedüngt ist (ist das der Fall, sollte es auf der Verpackung stehen). Lassen Sie die Erde nie austrocknen, vor allem nicht bei Hitze (siehe auch Schritt 4 der Anleitung).

Möhrenernte

Möhren

Daucus carota subsp. sativus

Die süßen Wurzeln in der eigenen Wohnung zu ziehen macht viel Spaß. Man bekommt drinnen zwar einen relativ kleinen Ertrag, doch der Geschmack selbst gezogener Möhren macht den Aufwand mehr als wett.

Kultur

Kauf und Aussaat

Wer Möhren im Sommer und Herbst ernten will (siehe S. 112–115), sollte sie vom zeitigen Frühjahr bis zum Spätsommer säen. Durchschnittliche Sorten brauchen mindestens 20 cm tiefe Töpfe, kurze Formen kommen mit 15 cm aus.

Licht und Wärme

Möhren keimen rascher bei Wärme, wärmer als 21 °C sollte es im Zimmer aber nicht sein. Dann sollten nach ein, zwei Wochen die ersten Sämlinge erscheinen. Nach dem Austreiben kann man sie an einen etwas kühleren, aber hellen Platz verfrachten.

Wässern

Wenn sich die Substratoberfläche trocken anfühlt, wässert man mit einem feinen Brauseaufsatz. Möhren vertragen zwar etwas Wassermangel, nicht jedoch Staunässe.

Laufende Pflege

Sobald die Sämlinge 10–12 cm hoch sind, dünnt man sie auf 2–3 cm Abstand aus. Nach vier Wochen kann ggf. noch einmal ausgedünnt werden. Düngen Sie sechs bis acht Wochen nach dem Säen alle zwei Wochen mit einem Spezialdünger für Wurzelgemüse.

Ernte

Ernten Sie Möhren, solange sie noch jung und süß sind, also etwa 12–16 Wochen nach dem Aussäen.

Empfehlenswerte Sorten

Es gibt Hunderte Möhrensorten. Man kann sich für verlässlichere kleinere Sorten entscheiden oder etwas wagen und ungewöhnliche violette und weiße Züchtungen wählen.

'NANTES' ▶
Die schnell reifende Sorte bildet Rüben mit knackig-süßem Geschmack. Man kann sie im März oder sogar schon Februar aussäen, um im späten Frühjahr oder Frühsommer zu ernten.
Wurzellänge: bis 15 cm

◀ **'ST VALERY'**
Eine beliebte Sorte mit langen, spitz zulaufenden Wurzeln. Sie wird im Frühjahr gesät und braucht zwar ein paar Monate, bis sie im Spätsommer und Frühherbst geerntet werden kann, doch das süße, knackige Ergebnis lohnt das Warten.
Wurzellänge: bis 20 cm

'WHITE SATIN' ▶
Die weißen Wurzeln dieser Sorte haben eine weiche Konsistenz und einen ebenso süßen Geschmack wie ihre herkömmlicheren Verwandten. Sie behalten ihre blasse Farbe auch nach dem Kochen und ergeben mit orangefarbenen Sorten eine ansehnliche Beilage, schmecken aber auch roh.
Wurzellänge: bis 20 cm

'PURPLE HAZE' ▶
Eine farbenfrohe Züchtung, die reichlich Antioxidantien und Vitamin A enthält. Sie verliert ihren intensiven Geschmack und die Farbe beim Kochen, doch kann man sie auch roh in Scheibchen geschnitten servieren.
Wurzellänge: bis 25 cm

'ROYAL CHANTENAY' ▲
Die dicken, fingerlangen Rüben dieser Form haben fast keinen Holzkern und eignen sich bestens für die Gefäßkultur. Man sät vom zeitigen Frühjahr bis zum Sommer alle zwei bis drei Wochen in ein paar Töpfen an.
Wurzellänge: 10 cm

Koch-tipps

Kochen mit Möhren

Rohe Möhren in Scheibchen schneiden und mit einem in der Küchenmaschine pürierten Hummus aus Kichererbsen aus der Dose, Zitronensaft, Knoblauch, Salz, Kreuzkümmel, Tahini und etwas Wasser servieren.

Ein mildes Pesto mit Möhrenlaub anstelle von Basilikum zubereiten.

Grob geriebene violette und weiße Möhren mit Johannisbeeren, Koriander, Minze und Petersilie mischen und Feta darüberstreuen.

Ein Canapé der besonderen Art: dünn geschnittene Möhren mit Avocado, Ziegenkäse und gerösteten Haselnüssen obenauf.

Rohe Möhren mit Hummus

Im Überblick

13 Std. Vorbereitung

Hell ohne direkte Sonne

Zweimal täglich besprühen

Muss nicht gedüngt werden

Ernte nach zwei bis drei Wochen

Level 1
Leicht

Austernpilze in 14 Tagen

Pilze **Tag für Tag** förmlich wachsen zu sehen ist faszinierend und macht Spaß. Man kann aus unterschiedlichsten Formen auswählen. Wie wär's mit **Austernpilzen?** Die findet man in Supermärkten gar nicht so leicht.

SIE BRAUCHEN:

- Pilzzuchtset mit Austernpilzen
- Messer
- großen Eimer oder Schüssel
- sauberen Ziegelstein oder ein ähnlich schweres Objekt
- Sprüher

Kaufen Sie ein Set mit einem Substrat, das mit Pilzkulturen beimpft wurde. Im hier gezeigten Set wird Kaffeesatz (ein Abfallprodukt aus der Kaffeeindustrie) als Substrat verwendet.

1 Man kann das Zuchtset gleich öffnen oder bis zu einem Monat trocken und dunkel lagern. Zum Start holen Sie den Wuchsbeutel aus der Box und schneiden ihn auf.

2 Legen Sie den Beutel mit der aufgeschnittenen Seite in eine Schüssel mit Wasser und beschweren Sie ihn mit einem Stein. 12 Std. einweichen, dann abtropfen lassen.

3 Drücken Sie überschüssiges Wasser und Luft aus dem Beutel und stecken Sie ihn wieder in die Box. Ziehen Sie die Vorderseite der Box ab, sodass ein Fenster erscheint.

Erntereif sind die Pilze, wenn ihre Hutränder beginnen, sich nach oben zu wölben und die Unterseite zeigen. Für eine zweite Ernte Schritt 1 bis 4 wiederholen.

4 Besprühen Sie die offene Seite des Beutels zweimal täglich mit Wasser, bis die Pilze erntereif sind. Etwa eine Woche lang passiert nichts, dann aber erscheinen winzige Pilze. Sie werden rasch größer und wachsen oft an einem Tag um das Doppelte.

5 Um die Pilze zu ernten, nimmt man das gesamte Bündel mit einer Hand am Ansatz und dreht und zieht zugleich. Sie sollten einfach abbrechen und können anschließend sofort verwendet werden.

Pilze

Zahlreiche Arten

Dank ausgeklügelter Zuchtsets kann man inzwischen allerlei exotische und ungewöhnliche Pilze in seinem Heim selbst anbauen. Die Sets enthalten alles, was man braucht – einschließlich des Myzels, aus dem sich die Pilze entwickeln.

Kultur

Kauf und Aussaat

Die meisten Pilzzuchtsets können das ganze Jahr angesetzt werden. Manche enthalten ein eigenes Substrat, das mit einem Myzel besiedelt werden muss. Bei anderen ist das Substrat bereits beimpft und daher besonders für Einsteiger geeignet. Das Substrat kann aus Stalldung, Sägespänen, Vermiculit, Holzschnipseln oder Kaffeesatz bestehen.

Licht und Wärme

Pilze benötigen kein Licht zum Wachsen. Sie sind weder Pflanze noch Tier, sondern bilden ein eigenes Reich. Damit sich aus dem Myzel die essbaren Fruchtkörper bilden, brauchen die meisten Arten eine Temperatur von etwa 21 °C.

Wässern

Pilze brauchen viel Feuchtigkeit zum Wachsen. Das Substrat mit Myzel muss immer feucht bleiben und daher zweimal täglich mit Wasser besprüht werden.

Laufende Pflege

Man kann die Pilze in einem hellen Zimmer züchten, nicht jedoch in der prallen Sonne, da sie dort austrocknen. Auf den jeweiligen Zuchtsets sind die Bedingungen, die sie brauchen, genau beschrieben.

Ernte

Nehmen Sie das gesamte Pilzbündel am Ansatz und brechen Sie es durch Ziehen und Drehen ab.

Empfehlenswerte Arten

Einige der ungewöhnlichsten und schönsten Pilze sind auch gleichzeitig die unkompliziertesten im Anbau. Champignons, die es in jedem Supermarkt gibt, gehören dagegen zu den schwierigsten Zuchtpilzen. Ob ein Zuchtset für die Zimmerkultur geeignet ist, erfahren Sie vom Anbieter.

SHIITAKE ▶
(*Lentinula edodes*)
Diese im Fernen Osten sehr verbreiteten Pilze haben gekocht einen tiefen, fleischigen Geschmack. Sie sind wesentlicher Bestandteil von Miso-Suppe, Pfannengerichten und einigen Saucen.
Pilzlänge: 5–10 cm

◀ ENOKI
(*Flammulina velutipes*)
Diese dünnen, cremefarbenen Pilze haben einen milden, delikaten Geschmack und ein leicht festes Fleisch. Man isst sie roh oder gekocht als Bestandteil etlicher Gerichte, darunter Sandwiches, Suppen und Nudelspeisen.
Pilzlänge: 15 cm

BRAUNER KRÄUTER-SEITLING ▶
(*Pleurotus eryngii*)
Mit seinem dicken Stiel und dem braunen Hut ähnelt er einem Steinpilz und schmeckt auch so ähnlich, jedoch ganz anders als sein Verwandter, der Austernpilz. Man kann ihn sautieren, in der Pfanne braten oder grillen.
Pilzlänge: 15 cm

Aus winzigen Gebilden entstehen binnen weniger Tage große, schöne Pilze.

Weißer Austernpilz

◀ AUSTERNPILZ
(*Pleurotus ostreatus*)
Er lässt sich leicht kultivieren. Seine großen, rosaroten, blauen oder weißen Hüte schmecken nussig und eignen sich bestens für Suppen und Pfannengerichte.
Pilzlänge: 10–25 cm

Roter Austernpilz

Koch-tipps

Pilzgerichte

Die untere Hälfte eines Bündels von Enoki-Pilzen abschneiden und die restlichen Hüte und Stiele in einen frischen Salat geben.

Für Knoblauchpilze sautiert man Braune Kräuter-Seitlinge in Butter mit gehacktem Knoblauch. Eine Handvoll Schnittlauch darüberstreuen und mit Knoblauchbrot servieren.

Eine einfache Miso-Suppe entsteht, wenn man geschnittene Shiitake-Pilze in eine Brühe aus Miso-Paste, Paprika, Frühlingszwiebeln und Tofu gibt.

Austernpilze mit Frühlingszwiebeln und Pak Choi anbraten, mit Paprikapulver und Sojasauce abschmecken und Soba-Nudeln dazugeben.

Austernpilze aus der Pfanne

Fruchtgemüse

Tomaten, Auberginen, Gurken und Paprika gehören zu den Fruchtgemüsen, die man im Haus kultivieren kann. Es lohnt sich, diesen ebenso schönen wie schmackhaften Pflanzen einen sonnigen Platz in seinem Heim zu reservieren.

Fruchtgemüse: Basics

Wann ist ein **Gemüse** ein Fruchtgemüse? Wenn es im botanischen Sinne **Früchte trägt,** etwa **Tomaten, Gurken** oder **Paprika,** die als Gemüse verwendet werden.

Schön und nützlich

Fruchtgemüse zu kultivieren macht Spaß. Es braucht zwar meistens etwas länger als Blattgemüse, bis es reif ist, doch ist es schön anzusehen und auf Fensterbänken und in sonnigen Räumen ein regelrechter Blickfang. Zudem wartet es im Frühjahr und Sommer mit hübschen Blüten auf, aus denen sich später die Früchte entwickeln. Fruchtgemüse muss regelmäßig gedüngt werden, um gut zu tragen. Bevor Sie aber mit dem Anbau anfangen, überlegen Sie zuerst, ob Sie genug Platz haben, denn größere Formen wie Gurken oder ein Tamarillo-Baum brauchen Raum zur Entfaltung.

Gesund und lecker

Abgesehen vom unschlagbaren Geschmack von selbstgezogenem Fruchtgemüse haben sie auch noch viele gesundheitliche Vorzüge. Tomaten etwa enthalten reichlich Mineralien, Vitamine wie A, C und E sowie das Antioxidans Lycopen, das den Früchten ihre rote Farbe gibt. Untersuchungen zufolge hält Lycopin die Knochen gesund und schützt vor Krankheiten wie Krebs. Gurken wiederum sind eine gute Quelle von Vitamin K, das für das Blut wichtig ist. Paprika enthält gemessen am Gewicht mehr Vitamin C als Orangen. Alles Fruchtgemüse ist kalorienarm und balaststoffreich. Wer viel davon isst, fördert sein allgemeines Wohlbefinden und bleibt vital.

Weil es sich in der Küche so vielseitig einsetzen lässt und sein Vitamin- und Mineraliengehalt in frischem Zustand am höchsten ist, sollte Fruchtgemüse im Indoor-Nutzgarten nicht fehlen. Alle in diesem Kapitel aufgeführten Formen brauchen reichlich Sonne, damit ihre Früchte ausreifen. Sie haben eine Wohnung mit viel natürlichem Licht? Los geht's!

Die besten Zonen für Fruchtgemüse

Wie die meisten fruchttragenden Pflanzen braucht auch Fruchtgemüse viel Sonne und gedeiht im Licht und der Wärme der Zonen 1, 2 und 3. Mexikanische Minigurken, Paprika und Buschtomaten kann man im Sommer auch nach draußen stellen.

Zone 1

Südfenster
Sonne und Wärme sind für Fruchtgemüse sehr wichtig. Probieren Sie Buschtomaten, Chilis und Paprika auf der Fensterbank aus. Größere Pflanzen stellt man vor Glastüren.

Zone 2

Ost- und Westfenster
Die meisten Fruchtgemüsesorten gedeihen in der Nähe eines großen Ost- oder Westfensters, solange Gebäude oder Bäume keinen Schatten darauf werfen.

Zone 3

Unter einem Oberlicht
Auch unter einem Oberlicht wachsen die Pflanzen, vor allem wenn zusätzlich ein seitliches Fenster vorhanden ist. Ist der Raum sehr heiß, wässert man täglich.

Zone 4

Wände
Sofern eine Wand nicht die meiste Zeit des Tages Sonne abbekommt, gedeiht Fruchtgemüse dort nicht gut oder reift zumindest nicht aus.

Zone 5

Dunkle Ecken
Erfolgreich kultivieren kann man Fruchtgemüse hier nur mithilfe von Pflanzenleuchten. Wählen Sie Buschtomaten, Chilis oder Paprika, die unter die Leuchte passen.

Zone 6

Raummitte
In der Mitte eines sonnigen Südzimmers gedeihen größere Formen wie Stabtomaten und Gurken. Ansonsten kümmern sie.

Zone 7

Kühle (unbeheizte) Südzimmer
In einem unbeheizten Zimmer hat Fruchtgemüse im zeitigen Frühjahr Schwierigkeiten. Ab dem späten Frühjahr aber sollte es gut wachsen, sofern es hell ist.

Zone 8

Außenfensterbank
Alle hier genannten Pflanzen sind nicht winterhart, erfrieren also. Man bringt sie erst nach draußen, wenn im Mai keine Frostgefahr mehr besteht.

Hängen Sie die Ampel an einen Haken in der Decke, idealerweise an einen sonnigen Platz. Wichtig ist ferner, dass man die Pflanzen leicht wässern und düngen kann.

Level 3
Schwer

Chili- & Kräuterkugel

Ein über dem Küchentisch schwebender Globus aus **Chilis und Buschbasilikum** mit leuchtenden Früchten und smaragdgrünen Blättern ist genau das Richtige für **kleinere Wohnungen** (siehe Projekt auf der nächsten Seite).

Schüsseln als Blumenampeln

Metall- oder Kunststoffschüsseln sind preiswerte, praktische Pflanzgefäße für drinnen. Man kann aber jedes andere leichte, wasserdichte Gefäß verwenden, solange es groß und robust genug für die Pflanzen ist. Die Schüssel wird an Metallketten für herkömmliche Blumenampeln (siehe nächste Seite) oder in einem Korbhalter aus Jutegarn aufgehängt.

Chilis und Kräuter: Empfehlungen

Manche Chili-Pflanzen wachsen strauchig und hoch, für dieses Projekt aber sind zwergige Formen (unten) besser. Busch-Basilikum und Thymian sind ideale Begleiter, da sie klein bleiben.

Busch-Basilikum
Es hat zwar kleinere Blätter als das herkömmliche Basilikum, ist aber pflegeleichter.

Das regelmäßige Ernten reifer Chilis regt die Pflanzen zur Bildung immer neuer Früchte an.

Thymian
Anstelle von Basilikum kann auch Thymian gepflanzt werden. Zwicken Sie regelmäßig die Triebspitzen ab, um ihn zum Neuaustrieb anzuregen.

Chili 'Apache'
Diese Sorte trägt scharfe grüne, später rote Chilis. Zwicken Sie die Triebspitzen früh ab, damit die Pflanze klein und ertragreich bleibt.

Chili 'Prairie Fire'
Eine kompakte Form mit Hunderten kleiner, leuchtender, sehr scharfer Chilis, die im Sommer erscheinen.

Im Überblick

3-4 Std. Vorbereitung

Volle Sonne

Alle ein bis zwei Tage wässern

Sobald die Chilis blühen, wöchentlich einen Kalidünger geben

Chilis reif ernten, Basilikumblätter nach Bedarf abschneiden

Projekt »

Eine Chili- & Kräuterkugel basteln

Nehmen Sie das Projekt im **späten Frühjahr** oder **Frühsommer** in Angriff, wenn die Chili- und Kräuterpflanzen noch so klein sind, dass man sie gut durch die **Löcher im Korb** pflanzen kann. Beschädigt man dabei **Blätter** oder **Triebe,** zwickt man sie einfach ab – die Pflanze sollte sich dann rasch wieder erholen.

Sobald die Chili-Pflanzen blühen, düngt man wöchentlich mit Tomatendünger.

SIE BRAUCHEN:

- **Hängekorb aus Metall, Kokoseinsatz zum Ausschlagen, Korb-Clips**
- **kleine Plastikflasche**
- **Metallspieß**
- **Schere**
- **etwa 5 kleine Chili- und 5 Busch-Basilikum-Pflanzen**
- **Küchentuch**
- **Glasschale oder großes Glas**
- **vorgedüngte und mit Vermicult vermischte Blumenerde**
- **Salatschüssel aus Metall mit demselben Durchmesser wie der Hängekorb**
- **Plastikschüssel, die in die Salatschüssel passt**
- **Styroporstücke**
- **Küchenbrett oder Brettreste**
- **10 Stücke verzinkter Draht**
- **3 verzinkte, etwa 1 m lange Ketten (je nachdem, wie tief die Kugel hängen soll) und großer Vorhangring**
- **Fleischerhaken und tragfähiger Deckenhaken**

1 Besorgen Sie sich eine kleine Wasserflasche aus Plastik, die durch die Löcher im Gitter des Korbs passt und schrauben Sie den Deckel der Flasche gut fest. Erhitzen Sie das Ende eines Metallspießes und brennen Sie ein paar Löcher in die Seiten der Flasche. Drücken Sie die Flasche nun durch ein Loch im Korbboden.

2 Schneiden Sie mit einer Schere zehn große Kreuze in gleichen Abständen zueinander in den Kokoseinsatz. Legen Sie den Einsatz in den Korb. Wickeln Sie die Chili-Pflanze in ein Küchentuch. Stecken Sie die Pflanze so durch eines der Kreuze, dass die Wurzeln innen stehen.

3 Nehmen Sie das Küchentuch ab und stellen Sie den Korb mit der nach unten hängenden Chili-Pflanze auf eine Glasschale oder ein großes Glas, ohne die Pflanze zu verletzen. Stecken Sie nun weitere Pflanzen so durch die kreuzförmigen Löcher in den Einsatz, dass Chilis und Kräuter gleichmäßig verteilt sind.

4 Geben Sie eine Mischung aus vorgedüngter Blumenerde und Vermiculit in den Korb. Füllen Sie ihn bis obenhin und drücken Sie anschließend die Erde etwas fest, damit keine Lufteinschlüsse in ihr zurückbleiben.

5 Bohren Sie mit dem erhitzten Spieß vier bis sechs Löcher in den Boden der Plastikschüssel, ferner acht bis zehn weitere unter den Rand. Füllen Sie die Schüssel halb mit Styropor und geben Sie die Erde-Vermiculit-Mischung darüber. Etwas andrücken. Mit Blumenerde auf der Oberfläche einen leichten Hügel bilden.

6 Legen Sie ein großes Schneidbrett oder einen Holzrest über den Korb und drehen Sie ihn mit dem Brett darauf um. Legen Sie das Brett auf die Schüssel. Ziehen Sie es so heraus, dass der Korb direkt auf der Schüssel zu liegen kommt.

7 Fädeln Sie ein Drahtstück durch ein Loch unter dem Schüsselrand. Biegen Sie ihn über den Korbrand und drehen Sie den Draht fest, sodass Korb und Schüssel fest verbunden sind. Verfahren Sie mit den übrigen Löchern genauso.

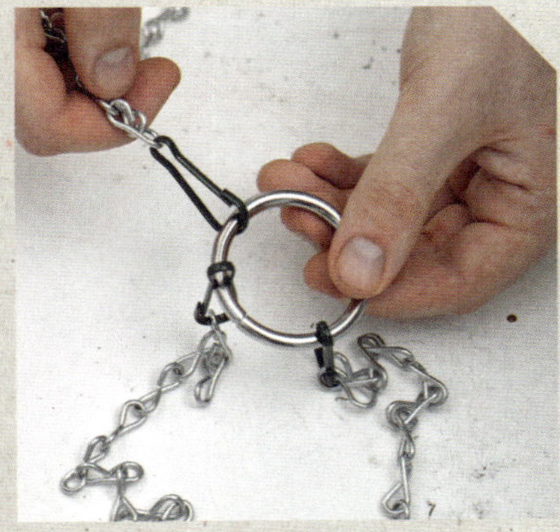

Hängen Sie den Korb unter ein Oberlicht oder in die Nähe eines sonnigen Fensters und drehen Sie ihn wöchentlich.

8 Befestigen Sie einen Karabiner am Ende jeder Kette und die Ketten anschließend an einem Vorhangring. Die bepflanzte Kugel wird in die Metallschüssel gelegt und das Ganze auf die Glasschale oder das große Glas gestellt.

9 Positionieren Sie den Vorhangring an der Unterseite der Kugel. Führen Sie die Ketten gleichmäßig um die Kugel herum und über ihr zusammen. Zum Schluss werden sie am Fleischerhaken befesigt, den man an den Deckenhaken hängt. Wässern Sie die Kugel täglich über die Plastikflasche.

Chilis

Capsicum spec.

Ihre leuchtenden Früchte erscheinen im Spätsommer und Herbst. Sie sind unverzichtbare Zutat etlicher scharfer Gerichte von indischen Curry-Speisen bis hin zu asiatischen Pfannengerichten.

Chili 'Loco'

Kultur

Kauf und Aussaat

Da Chilis sehr langsam wachsen, sät man sie schon im Spätwinter in einen Anzuchtkasten. Eine Pflanzenlampe verbessert die Erfolgschancen. Einfacher ist der Kauf von Setzlingen im Frühjahr, doch ist in diesem Fall die Auswahl an Sorten gering. Gepflanzt werden sie in Blumenerde.

Licht und Wärme

Chili-Samen benötigen viel Wärme, um zu keimen, idealerweise 25–30 °C tagsüber und mindestens 15 °C nachts. Die schärferen Sorten wie etwa Habaneros keimen erst nach Wochen. Chilis brauchen viel Sonne, sonst reifen die Früchte nicht aus.

Wässern

Gewässert wird wenig und oft, sodass die Erde ständig leicht feucht ist. Staunässe ist allerdings Gift für die Pflanzen.

Laufende Pflege

Stellen Sie die Pflanzen an einen warmen Platz und topfen Sie sie in immer größere Gefäße um. Höhere Formen müssen ggf. gestützt werden. Sobald sie blühen, brauchen sie wöchentlich einen Kalidünger.

Ernte

Die Früchte werden abgeschnitten und frisch gegessen, eingefroren oder an einer Schnur aufgereiht in einem warmen Raum getrocknet.

Schärfegrade

Chilis enthalten Capsaicin, das die auf Hitze reagierenden Nervenenden im Mund reizt. Die Schärfe von Chilis wird in Scoville-Graden (Scoville Heat Units, kurz SHU) gemessen:

- Mild: bis zu 5000 SHU
- Mittel: 5000–35 000 SHU
- Scharf: 35 000–100 000 SHU
- Sehr scharf: 100 000–500 000 SHU
- Feurig: ab 500 000 SHU

Die besten Chilis

Es gibt eine ganze Reihe von Chili-Arten und -Sorten, etwa die feurigen Habanero-Formen (*Capsicum chinense*), die nicht minder scharfen Aji-Chilis (*Capsicum baccatum*) und die mit Gemüsepaprika verwandten Formen der Art *Capsicum annuum*. Im Umgang mit sehr scharfen Schoten sind Handschuhe und ein Augenschutz ratsam.

'JALAPENO' ▲
(*Capsicum annuum* 'Jalapeno')
Eine patronenförmige, nicht allzu scharfe mexikanische Form, die man grün ernten, aber auch ausreifen und rot werden lassen kann. Schärfegrad: 2500–8000 SHU.
Höhe und Breite: 75 × 50 cm

'CAYENNE' ▶
(*Capsicum annuum* 'Cayenne')
Eine klassische Chili-Sorte, die mittelscharf bis scharf ist (30 000–50 000 SHU) und lange bis fingerdicke, leicht runzelige Früchte in Rot und Grün trägt. Man kann sie frisch oder gekocht essen.
Höhe und Breite: 90 × 60 cm

◀ 'DORSET NAGA'
(*Capsicum chinense* 'Dorset Naga')
Eine der schärfsten Sorten überhaupt (mit mehr als einer Million SHU). Sie gehört zur Habanero-Gruppe und bildet hellgrüne, schrumpelige, runde, später rote Schoten.
Höhe und Breite: 75 × 50 cm

'LOCO' ▲
(*Capsicum annuum* 'Loco')
Die kompakte Pflanze bildet kleine ovale, violette Schoten, die sich mit zunehmender Reife rot färben. Sie sind ideal für sonnige Fensterbänke. Der SHU-Wert liegt bei relativ erträglichen 24 000 SHU.
Höhe und Breite: 30 × 40 cm

'AJI AMARILLO' ▶
(*Capsicum baccatum* 'Aji Amarillo')
Die kompakte peruanische Form trägt grüne, später orangegelbe, patronenförmige Schoten mit rauchig-fruchtigem Geschmack. Sie haben einen Scoville-Grad von 30 000 bis 50 000 SHU.
Höhe und Breite: 60 × 50 cm

◀ 'LEMON DROP'
(*Capsicum baccatum* 'Lemon Drop')
Eine mit 30 000 bis 50 000 SHU recht scharfe Chili. Die kleinen grünen, reif gelben Schoten schmecken nach Zitrone.
Höhe und Breite: 60 × 50 cm

'CHILLY CHILI' ▶
(*Capsicum annuum* 'Chilly Chili')
Die kleinen grünen, später gelben, orangefarbenen und schließlich dunkelroten Schoten sind mit 2000 bis 5000 SHU mild und ideal für alle, die es nur leicht scharf mögen.
Höhe und Breite: 30 × 35 cm

Koch-tipps

Scharfe Sachen

Entkernte milde bis scharfe Chilis mit Weichkäse, geriebenem Cheddar und gehackten Kräutern füllen. Mit Öl beträufeln und weich bis leicht bräunlich braten.

Tomaten, entkernte Schoten, Zwiebeln und Koriander in eine Schüssel geben, Limettensaft und Olivenöl darauf träufeln und für eine würzige Salsa gut mischen.

Salsa aus Chilis und Tomaten

Entkernte große Chilis in Rum marinieren, mit einer Schoko-Ganache füllen und mit zerlassener dunkler Schokolade überziehen.

Ganze Chilis zart golden andünsten, mit grobem Meersalz bestreuen und als Tapas servieren.

Eine verzinkte Schüssel ist wie geschaffen für Fruchtgemüse. Sie bietet reichlich Wurzelraum und lässt sich gut transportieren, sodass man sie überall dort hinstellen kann, wo viel Sonne ist.

Prüfen Sie vor dem Bepflanzen, ob die Schüssel auch wirklich wasserdicht ist.

Level 3
Schwer

Mittelmeermix

Gruppieren Sie Gemüsepflanzen, die **dieselben Bedingungen** brauchen und mehr oder weniger zur selben Zeit reifen. So entsteht ein **farbenfrohes Arrangement** köstlicher Gemüse (siehe Projekt auf der nächsten Seite). Bis zur Ernte müssen Sie sich zwar etwas um Ihre Zöglinge kümmern, aber das Ergebnis lohnt die Mühe!

Sonnenkinder

Gemüse wie Tomaten, Paprika und Auberginen wird in der Mittelmeerregion in Massen angebaut und ist daher auch Bestandteil vieler einheimischer Gerichte dort. Alle brauchen naturgemäß viel Wärme und Sonne, um auszureifen. Weisen Sie ihnen in Ihrer Wohnung daher einen Platz in der Nähe eines Südfensters oder unter einem Oberlicht zu. Wenn sie auch noch ein Gefäß mit sehr gutem Wasserabzug bekommen, genießen sie optimale Bedingungen. Wer nicht genug Platz für die ganze Gruppe hat, setzt nur ein, zwei der Pflanzen in einen großen Topf auf einer Fensterbank. Ansonsten gelten dieselben Anbautipps wie auf S. 134–135.

Ab der Blüte versorgt man die Pflanzen wöchentlich mit Kalidünger.

Auswahl

Für das Arrangement eignen sich etliche Gemüsepflanzen. Allerdings sollte man sich schon beim Kauf informieren, ob die Formen nicht zu groß werden. Man kann auch einen Topf mit Chilis dazustellen, denn sie bevorzugen dieselben Bedingungen.

Veredelte Auberginen sind widerstandsfähiger gegen Krankheiten.

Auberginen
Die meisten Auberginen werden nicht höher als 75 cm und gedeihen auch drinnen. Es gibt weiße, violette und gestreifte Formen.

Kirschtomaten liefern einen üppigen Ertrag.

Tomaten
Für dieses Projekt eignen sich vor allem kleine Buschformen, wie sie oft in Blumenampeln gepflanzt werden, oder kompakte Stabtomaten.

Probieren Sie lange italienische Spitzpaprika aus.

Paprika
Paprika gibt es in verschiedensten Größen, Farben und Formen. Man kann sogar zwei Sorten auf eine Pflanze veredeln. Höhere Sorten müssen ggf. gestützt werden.

Im Überblick

- Insgesamt 4-6 Std.
- Volle Sonne
- Alle zwei bis drei Tage wässern
- Wöchentlich Kalidünger
- 12-16 Wochen nach dem Pflanzen ernten

Projekt »

Einen **Mittelmeermix** pflanzen

Die hier vorgeschlagenen Gemüsepflanzen wurden **in Einzeltöpfe** gepflanzt und zusammen in eine große verzinkte Schüssel gestellt. So bleibt gewährleistet, dass jede Pflanze **ausreichend Substrat hat.** Außerdem kann man einzelne Gewächse herausnehmen, sobald sie abgeerntet sind.

Gelangen keine Insekten zu den Pflanzen, müssen Sie das Bestäuben selbst übernehmen (siehe S. 207).

SIE BRAUCHEN:

- **großes Pflanzgefäß, etwa eine verzinkte Schüssel oder Wanne, plus Folie zum Ausschlagen, falls das Gefäß nicht wasserdicht ist**
- **kleinen Beutel Kies**
- **großen Beutel mit Styroporstücken oder -chips**
- **mehrere Plastiktöpfe mit etwa 20 cm Durchmesser für die Einzelpflanzen**
- **Blumenerde**
- **genug Tomaten-, Auberginen- und Paprikapflanzen, die in die Plastiktöpfe gepflanzt und in das große Gefäß gestellt werden**
- **dekorative Stützstäbe, z. B. spiralförmige Kletterhilfen, die es in unterschiedlichsten Längen gibt, oder Bambusstäbe**
- **weichen Bindfaden**
- **Gießkanne mit feiner Brause**
- **Garten- oder Küchenschere**

1 Wenn die Schüssel nicht wasserdicht ist, muss sie mit Folie ausgekleidet werden. Dann gibt man etwas Kies darauf, damit die Folie nicht verrutscht. Durch eine Lage Styropor auf dem Kies entsteht ein Reservoir, in dem sich Wasser sammeln kann.

2 Stellen Sie die Plastiktöpfe in die Schüssel, um zu sehen, wie viele Pflanzen hineinpassen. Kaufen Sie je eine Tomaten-, Auberginen- und Paprikapflanze pro Topf. Will man ansäen, muss man sechs Wochen früher beginnen (siehe Seite 204–205).

3 Füllen Sie einen der Töpfe bis etwa 5 cm unter den Rand mit Blumenerde. Pflanzen Sie eine Aubergine in die Mitte und geben Sie mehr Substrat hinein, falls nötig. Drücken Sie das Substrat vorsichtig an, um Lufteinschlüsse in der Erde zu vermeiden.

4 Wiederholen Sie Schritt 3 mit den anderen Pflanzen. Wässern Sie sie vorsichtig. Werden veredelte Pflanzen verwendet, muss sich die Veredelungsstelle über dem Substrat befinden.

5 Drücken Sie eine Stütze seitlich in die Töpfe, ohne den Wurzelballen in der Mitte zu verletzen. Sehr dekorativ sehen spiralförmige Kletterhilfen aus. Die Triebe werden an ihre Stütze gebunden.

6 Stellen Sie die Schüssel in die Sonne. Drehen Sie sie täglich und arrangieren Sie hin und wieder auch die Pflanzen um. Dabei stellt man die in der Mitte an den Rand, damit sie genug Licht bekommen.

7 Sobald sich die Blüten öffnen, düngt man wöchentlich mit Kalidünger. Öffnen Sie die Fenster öfter, um die Durchlüftung zu verbessern. Zum Ernten werden die Früchte einfach abgeschnitten.

Ausgeizen

Wer Stabtomaten zieht, muss die Seitentriebe zwischen dem Haupttrieb und den Blattstielen entfernen. So steckt die Pflanze ihre ganze Energie in die Bildung von Früchten anstelle von Blättern und Trieben.

Geizen Sie Ihre Tomaten aus.

Auberginen

Solanum melongena

Die mediterrane Köstlichkeit ist aus Gerichten wie Moussaka und Ratatouille nicht wegzudenken. Auberginen gibt es in vielen Farben und Formen. Ein Platz auf einer sonnigen Fensterbank genügt ihnen vollauf.

Wenn Blätter Schatten auf reifende Früchte werfen, schneidet man sie ab.

Die langen, dünnen asiatischen Auberginen schmecken süß und müssen vor dem Kochen nicht gesalzen werden.

Asiatische Aubergine

Kultur

Kauf und Aussaat

Wer nur Platz für ein, zwei Auberginen hat – sie können immerhin bis zu 1 m hoch werden –, kauft im Frühjahr Setzlinge aus dem Fachhandel. Will man sie stattdessen ansäen, beginnt man damit schon im Spätwinter (siehe S. 204–205). Nehmen Sie mindestens 20 cm tiefe Töpfe und pflanzen Sie in jeden nur eine einzige Aubergine. Verwenden Sie Blumenerde oder tonhaltiges Substrat.

Licht und Wärme

Auberginen brauchen im Sommer viel direkte Sonne, damit die Früchte ausreifen. Man stellt sie daher in Süd- oder Westfenster. Sie brauchen zudem 16–18 °C Mindesttemperatur. Höhere Tagestemperaturen beschleunigen die Reife.

Wässern

Wässern Sie Auberginen regelmäßig, aber vermeiden Sie Staunässe. Dazu braucht das Pflanzgefäß ausreichend Abzugslöcher. Besprühen Sie das Laub täglich mit lauarmem Wasser, das hält die Rote Spinnmilbe fern und fördert den Fruchtansatz.

Laufende Pflege

Alle ein, zwei Wochen ein kalireicher Flüssigünger nach dem Fruchtansatz tut den Pflanzen gut. An größeren Exemplaren zwickt man die restlichen Blüten ab, die noch erscheinen, und kappt unproduktive Seitentriebe, nachdem sich fünf bis sechs Früchte gebildet haben. Sobald die Pflanzen 20 cm hoch sind, stützt man sie und bindet sie immer wieder an.

Die besten Auberginen

Am bekanntesten sind die Sorten mit dunkelvioletten, zeppelinförmigen Früchten. Experimentierfreudige Hobbygärtner aber haben die Wahl zwischen vielen Größen, Formen und Farben. Diese Varianten sind allerdings nicht alle als Setzlinge zu bekommen. Wesentlich größer ist das Angebot bei Saatguthändlern.

THAI-AUBERGINEN ⌂
Diese golfballgroßen Auberginen sind weiß, grün oder gestreift, aber auch in Rot und Violett zu haben. Die knackigen, leicht bitteren Früchte finden oft in Thai-Currys Eingang. Weil sie so klein sind, kann man an jedem Exemplar viele Früchte ausreifen lassen.
Fruchtgröße: etwa 2-5 cm

'BLACK BEAUTY' ♥
Die beliebte Sorte trägt große, glänzende, dunkelviolette Früchte. An den hohen, kräftigen Pflanzen bilden sich mindestens sechs. Sie reifen früh und haben weiche, essbare Schalen und Kerne. Wer gleich zwei Exemplare zieht, sorgt dafür, dass im Sommer und Herbst die Auberginen nicht ausgehen.
Fruchtgröße: etwa 10-15 cm

♥ 'PINSTRIPE'
Die gestreiften Früchte erscheinen im Sommer und Herbst an kompakten, standhaften Pflanzen, die sich bestens für Fensterbänke eignen. Man lässt jedem Exemplar drei bis vier Früchte, wenn sie zu voller Größe heranwachsen sollen.
Fruchtgröße: etwa 8-10 cm

'RAJA' ♥
Auberginen waren ursprünglich weiß und sahen wie Eier aus, weshalb man sie noch heute manchmal Eierfrucht nennt. Diese kräftige Sorte trägt früh kleine weiße Früchte. Sie schmecken fruchtig und mild, haben aber eine zähe Schale, weshalb man sie vor dem Essen besser schält.
Fruchtgröße: etwa 8 cm

Schneiden Sie die Früchte knapp oberhalb der Kelchblätter ab.

Erntezeit

Auberginen haben eine lange Saison. Wer Setzlinge kauft, muss sich bis zu fünf Monate gedulden, bis er die ersten reifen Früchte ernten kann. Erntezeit ist vom Hochsommer bis in den Herbst. Reif sind die Früchte, sobald sie glänzend, dick und ordentlich groß am Trieb hängen.

Lagerung und Haltbarmachung

Auberginenfrüchte reifen selten alle gleichzeitig. Das hat den Vorteil, dass man sie nicht auf einmal ernten muss und dann nicht mehr weiß, wohin damit. Stattdessen kann man sie stets frisch genießen. Die Früchte halten sich gekühlt bis zu zwei Wochen. Man kann sie aber auch kochen und dann einfrieren.

Koch-tipps

In der Küche

Am einfachsten zubereitet sind Auberginen, wenn man sie mit etwas Olivenöl bestreicht und im Ofen ca. 15 Min. bäckt oder in einer Pfanne unter gelegentlichem Wenden brät.

Für eine einfache Ratatouille etwas Öl in einer großen Pfanne erhitzen, ein paar gewürfelte Auberginen und Zucchini, ferner Paprika, Zwiebeln und Knoblauch dazugeben. 3 Min. unter häufigem Umrühren braten, bis das Gemüse weich ist. Hitze zurückdrehen und eine Dose Tomaten sowie 1-2 EL Tomatenmark dazugeben. 15 Min. köcheln lassen und vor dem Servieren frisches Basilikum dazugeben.

Damit die Früchte ausreifen, stellt man die Pflanzen in ein warmes Zimmer mit viel Sonne.

Alle Teile der Tomatenpflanze sind giftig – die köstlichen, nährstoffreichen Früchte ausgenommen.

Wählen Sie als Gefäß für Buschtomaten ein Metall-Küchensieb. Sie können es unbehandelt lassen oder in einer lebensmittelechten Farbe streichen. Ausgeschlagen wird es mit Plastik.

Sie können die Tomaten auch in eine Plastikschüssel pflanzen, die in das Sieb passt.

Level 2
Mittel

Minitomaten im Sieb

Buschtomaten sind ideal für ein großes Küchensieb, das man zur **Blumenampel** umfunktioniert (siehe Projekt nächste Seite) oder auf einen Tisch in der Nähe eines **sonnigen Fensters** stellt. Die kleinen süßen Früchte quellen im Spätsommer förmlich aus dem Sieb und sind eine **gesunde Nascherei.**

Am richtigen Fleck

Tomaten sind Sonnenanbeter und brauchen einen hellen Standort in der Wohnung, um zu gedeihen. Am besten eignet sich ein Platz vor einem Südfenster oder unter einem Oberlicht. Drehen Sie das Gefäß alle ein, zwei Tage, damit sämtliche Früchte genug Sonne abbekommen. Bei warmem Wetter öffnet man das Fenster, um die Lufzirkulation um die Pflanze zu verbessern. Das fördert gesunden Wuchs und die Reifung der Früchte.

Originelles Tischdekor unter einem Oberlicht

Auswahl

Ideal sind Sorten von Buschtomaten, die hängend wachsen können und im Gegensatz zu den hohen, aufrechten Stab- bzw. Rispentomaten weder angebunden noch ausgegeizt werden müssen. Empfehlenswerte Sorten: 'Balconi', 'Tumbling Tom' und 'Hundreds and Thousands'.

'Balconi'
Diese kompakte Sorte mit sehr süßen Kirschtomaten in Rot oder Gelb ist mit ihrem hängenden Wuchs bestens für die Kultur im Sieb geeignet.

'Tumbling Tom'
Eine der besten Sorten für Blumenampeln. Die kompakte Pflanze ist über und über mit zahlreichen süßen, saftigen roten oder gelben Früchten besetzt.

Sie haben die Wahl zwischen einer roten und gelben Form.

Im Überblick

1-2 Std.

Volle Sonne

Alle zwei Tage wässern

Ab der Blüte wöchentlich einen Kalidünger

Im Hoch- und Spätsommer ernten

Projekt »

Tomaten in ein Sieb pflanzen

Diese **Blumenampel** aus einem Sieb ist schnell und leicht gemacht. Sie hat Platz für **drei bis vier Tomatenpflanzen.** Man kann ein wassergefülltes Keramikgefäß in das Substrat stecken, das seinen Inhalt nach und nach abgibt. Dadurch spart man sich die Zeit und Mühe, die **durstigen Tomaten** täglich zu wässern.

Für dieses Projekt kann man auch ein kleines Sieb nehmen, in das nur eine Tomatenpflanze passt.

SIE BRAUCHEN: • großes Küchensieb • evtl. lebensmittelechte Farbe • Luftpolster- oder reißfeste Folie • Waschschüssel oder ein ähnliches Gefäß, das in das Sieb passt • Schraubenzieher • Blumenerde • 3–4 Buschtomatenpflanzen • Gießkanne mit Brause • Tongefäß • Ketten zum Aufhängen • tragfähigen Haken

1 Streichen oder sprühen Sie die Außenseite des Siebs, falls sie mit seiner Farbe nicht zu frieden sind, mit einem ungiftigen Lack. Nach dem Trocknen des Lacks schlägt man das Sieb mit wasserdichter Luftpolster- oder reißfester Müllsackfolie aus.

2 Kaufen Sie eine Wasch- oder Salatschüssel aus Plastik, die gut in das Sieb passt. Bohren Sie mit einem Schraubenzieher mehrere Abzugslöcher in den Boden. Stellen Sie die Schüssel in das ausgeschlagene Sieb, um es zu bepflanzen.

3 Füllen Sie die Schüssel bis 3 cm unter den Rand mit Blumenerde. Wässern Sie die Tomatenpflänzchen und holen Sie sie vorsichtig aus ihren Töpfen. Setzen Sie die Pflänzchen so in eine Vertiefung in der Erde, dass der Wurzelballen darin verschwindet.

4 Drücken Sie die Erde um den Wurzelballen an. Die restlichen Tomaten pflanzen Sie so ein, dass zwischen ihren Haupttrieben mindestens 15 cm Abstand bleibt. Wässern Sie alles vorsichtig mit feiner Brause, damit sich die Erde um die Wurzelballen setzt.

Mit einem Stab können Sie prüfen, wie viel Wasser noch im Tongefäß ist.

5 Füllen Sie das Tongefäß mit Wasser und versenken Sie es halb in der Mitte des Siebs. Zum Aufhängen befestigt man die Ketten in Sieblöchern und hängt sie an einen tragfähigen Haken in der Decke.

Laufende Pflege

Ein unglasiertes Tongefäß (unten) lässt langsam Wasser in das Erdreich sickern. Trotzdem sollte man das Substrat alle paar Tage prüfen, vor allem wenn man drei bis vier Tomatenpflanzen gesetzt hat. Falls sich die Erde trocken anfühlt, gießt man direkt auf die Oberfläche. Wer kein Tongefäß hat, wässert das Sieb alle ein, zwei Tage. Dabei darf sich aber kein Wasser in der Erde stauen, sonst platzen die Tomaten auf.

Die meisten Blumenerden sind vorgedüngt und versorgen die Tomaten eine Weile ausreichend mit Nährstoffen. Ab der Blüte düngt man sie wöchentlich mit einem kalireichen Tomatendünger. Die Blüten sind selbstbestäubend, weshalb sie auch drinnen Früchte tragen sollten. Man fördert die Bestäubung und den Fruchtansatz aber zusätzlich, wenn man gelegentlich die Fenster öffnet, damit ein Luftzug entsteht, oder die Pflanzen öfter leicht schüttelt.

Wenn sich die Erde trocken anfühlt, muss gewässert werden.

Tomaten

Lycopersicon esculentum var. esculentum

Nichts geht über den Geschmack süßer, saftiger Tomaten aus Eigenanbau. Trotz ihres exotischen Aussehens lassen sie sich verblüffend einfach drinnen ziehen. Einzige Voraussetzung ist viel Sonne, damit die Früchte ausreifen.

◀ **'TOTEM'**
Diese F1-Buschtomate eignet sich bestens für Fensterbänke. Sie trägt reichlich süße, mittelgroße rote Früchte. **Höhe und Breite:** 60 × 30 cm

Kultur

Kauf und Aussaat

Ausgesät wird ab dem zeitigen Frühjahr (S. 204–205). Etwas später gibt es Setzlinge zu kaufen. Manche Tomaten werden über 1 m hoch. Wem das zu viel ist, der pflanzt eine Buschtomate oder kompakte Züchtung für Töpfe. Als Substrat eignet sich Blumenerde. Jede Pflanze braucht einen mindestens 20 cm tiefen und breiten Topf.

Licht und Wärme

Tomaten benötigen viel Sonne. Fällt Schatten auf die Pflanze, bildet sie – wenn überhaupt – kaum reife Früchte. Wichtig ist außerdem eine Temperatur zwischen 21 und 24 °C. Unter 16 °C und über 27 °C leiden Tomaten und tragen nur wenige Früchte.

Wässern

Tomaten müssen regelmäßig gewässert werden, sodass die Blätter nie welk werden. Nach der Fruchtbildung lässt Wassermangel die Früchte aufplatzen. Ebenso schlecht aber ist Staunässe.

Laufende Pflege

Stabtomaten werden an hohe Stützen gebunden (S. 144). Seitentriebe aus den Blattachseln zwickt man ab (jedoch nicht bei Busch- und Patio-Sorten). Ab der Blüte düngt man wöchentlich mit Tomatendünger.

Ernte

Sobald die Früchte im Sommer die richtige Größe und Farbe haben, schneidet man die Rispen ab.

Die besten Tomatensorten

Tomaten gibt es in vielerlei Größen, Formen und Farben. Man unterscheidet hohe (Stab-) und kompakte (Busch- oder Patio-)Sorten. Interessant sind auch die alten Traditionssorten und die süßen Kirschtomaten.

◀ 'TIGERELLA'
Eine Stabtomate mit hohem Ertrag und mittelgroßen roten und gelb gestreiften Früchten. In einem großen Topf wird sie sehr hoch.
Höhe und Breite: bis 200 × 50 cm

'SATYNA' ▲
Eine verlässliche Fleischtomate mit großen Früchten, die gekocht oder frisch genossen werden können. Man muss sie gut stützen, denn die Triebe brechen unter dem Gewicht der Früchte leicht.
Höhe und Breite: bis 200 × 50 cm

'BLACK CHERRY' ▶
Mit ihren vielen schönen dunkelbraunen und roten Früchten ist diese alte Stabtomatensorte ein echter Hingucker.
Höhe und Breite: bis 200 × 50 cm

'VILMA' ▲
Die Buschsorte wurde speziell für die Topfkultur gezüchtet. Sie trägt reichlich und über einen langen Zeitraum süße, saftige Kirschtomaten.
Höhe und Breite: 60 cm

◀ 'SUNGOLD'
Eine herausragende Stab-Kirschtomate mit orangegoldenen, süßen und saftigen Früchten mit dünner Schale.
Höhe und Breite: bis 200 × 50 cm

'OLIVADE' ▶
Eine Stabsorte mit mittelgroßen Pflaumentomaten. Sie sind so süß, dass man sie frisch essen kann, aber auch ideal für Eintöpfe und Saucen.
Höhe und Breite: bis 180 × 50 cm

'MONEYMAKER' ▲
Eine verlässliche hohe Stabtomate, die Unmengen glatter, mittelgroßer roter, für ihren außergewöhnlichen Geschmack berühmter Früchte liefert.
Höhe und Breite: bis 200 × 50 cm

Koch-tipps

Alles Tomate!

Halbierte Tomaten mit geschnittenen Erdbeeren und Pfirsichen, Olivenöl, Balsamico-Essig und gehackter Minze als Obstsalat mischen. **Ein leichtes Salatdressing** entsteht aus den Samen einer saftigen Tomate, Olivenöl, Essig und Gewürzen. **Große Tomaten** halbieren, mit einer Mischung aus Brotkrumen, Kräutern, Öl und Knoblauch bestreuen und knuspring backen. **Für einen Auflauf** die Kruste von 16 Brotscheiben abschneiden, jede Scheibe vierteln und mit Tomatenscheiben, Zwiebelscheiben und frischem Basilikum in eine Backform geben. Gemüsebrühe mit Parmesan darauftäufeln und 45 Min. bei mittlerer Hitze backen.

Brotauflauf mit Tomaten

Im Überblick

2 Std. Arbeitszeit

Volle Sonne

Alle ein bis zwei Tage wässern

Ab der Blüte wöchentlich Kalidünger verabreichen

Ernten, sobald die Tomaten reif sind

Level 2
Mittel

Tomatentürme

Stabtomaten werden **recht hoch** und tragen viele **süße, saftige Früchte.** Man lässt sie in einem hellen Zimmer mit Südfenster oder einem Oberlicht entweder das Fenster selbst oder die Tür zum Raum als **unübersehbare Wachtposten** flankieren.

SIE BRAUCHEN: • 2 Stabtomatenpflänzchen • 2 Plastiktöpfe mit 20-25 cm • Blumenerde • 2 hohe, wasserdichte Übertöpfe • Ziegelsteine als Unterlage für die Plastiktöpfe • 2 dekorative Rankhilfen • Gartenschnur • Gießkanne • Tomatendünger mit hohem Kalianteil

1 Man kann die Pflänzchen kaufen oder aus Samen ziehen. Seitentriebe werden abgezwickt, sobald sie erscheinen (siehe S. 135). Mit 45 cm Höhe kann man die Pflänzchen in die Töpfe setzen.

2 Legen Sie Ziegelsteine auf den Boden jedes Übertopfs und stellen Sie die Tomatentöpfe darauf. Die untersten Blätter müssen sich über dem Rand des Übertopfs befinden.

Stellen Sie die Töpfe auf Ziegelsteine oder Styroporblöcke.

3 Drücken Sie am Rand jedes Topfs eine Rankhilfe in das Substrat und binden Sie die Triebe mit einer Schnur an.

4 Stellen Sie die Tomatentöpfe unter ein Oberlicht oder an ein großes, sonniges Fenster. Sie müssen alle ein, zwei Tage gewässert und ab der Blüte wöchentlich gedüngt werden.

Wenn der Haupttrieb das obere Ende der Rankhilfe erreicht, wird seine Spitze gekappt.

Wässern Sie regelmäßig, sonst platzen die Tomaten auf.

Hohe, dekorative Rankhilfen sind ideal für Indoor-Tomatenpflanzen. Die Triebe werden gut angebunden, damit sie unter dem Gewicht der Früchte nicht brechen.

Tamarillo: die Baumtomate

Cyphomandra betacea

Kultur

Kauf und Aussaat

Junge Tamarillo-Pflanzen gibt es das ganze Jahr im Fachhandel zu kaufen. Achten Sie darauf, dass sie gesund sind. Man legt sie sich am besten im Frühjahr zu, wenn die sommergrünen Gehölze gerade austreiben. Tamarillos wachsen recht schnell. Man stellt sie daher an einen Standort, an dem sie nach oben 2 m Platz zum Wachsen haben – und seitlich fast genauso viel. Eingetopft werden die Sträucher in einen großen Topf mit tonhaltigem Substrat.

Licht und Wärme

Die subtropischen Tamarillos gedeihen gut in warmen Wohnungen mit Zentralheizung, vor allem wenn die Temperaturen im Winter nachts kaum unter 15 °C fallen. Sie vertragen Hitze und fruchten am besten neben einem Fenster oder unter einem Oberlicht in der prallen Sonne.

Wässern

Wässern Sie Ihre Tamarillos vom Frühjahr bis zum Herbst alle ein, zwei Tage, denn sie brauchen viel Feuchtigkeit, um die riesigen Blätter zu versorgen. Ideal ist ein tiefer Topf mit gutem Wasserabzug, denn Staunässe tut den Pflanzen nicht gut.

Obwohl Tamarillos aus den Anden stammen, werden die meisten gewerblich angebauten Bäume heute in Neuseeland gezüchtet.

Tamarillo-Bäume können sehr alt werden. Sie brauchen viel Platz und drinnen einen sonnigen Standort.

Die Blätter können essstellergroß werden und ähneln denen von Gummibäumen.

Laufende Pflege

Einmal jährlich sollte im Frühjahr ein ausgewogener Langzeitdünger in das Substrat eingearbeitet werden. Außerdem verabreicht man der Pflanze jeden Sommer ab der Blüte monatlich einen Spezialdünger für Obstbäume. Sorgen Sie sich nicht, falls einige der unteren Blätter gelb werden und abfallen – das ist ein normaler Vorgang und heißt nicht, dass die Pflanze krank ist.

Ernte

Tamarillos tragen nicht immer schon im ersten Jahr. Falls die Bedingungen stimmen, darf man jedoch ab dem zweiten Jahr mit Früchten rechnen. Sie werden abgeschnitten, sobald sie kräftig rot oder gelb sind und eine feste Konsistenz haben. Vor dem Essen schält man sie und entfernt die meisten oder alle Samen.

Blüten und Früchte
Die selbstbestäubenden weißen Blüten erscheinen im Frühjahr. Um den Fruchtansatz zu fördern, kann man den Baum alle paar Tage vorsichtig schütteln und die Blätter mit Wasser besprühen.

Schnitt

Sobald die Pflanze 1 m hoch ist, kappt man ihre Spitze. Das fördert die Bildung von Seitentrieben und verhindert, dass das Gehölz zu hoch wird. Später lichtet man es gelegentlich aus, um ein offenes Astgerüst zu schaffen. Dabei entfernt man auch Triebe am Stammansatz. Die Früchte bilden sich an neuen Trieben, weshalb man im März alle alten Triebe herausnimmt, die im Vorjahr Früchte getragen haben.

Scharf
Die roten oder rosa Formen schmecken etwas schärfer als die gelben. Sie eignen sich vor allem für Salate.

Koch-tipps

Halbierte Tamarillos mit Zucker bestreuen, etwas Rotwein darübergießen, weich braten und mit griechischem Joghurt servieren.
Blanchierte Tamarillos schälen, würfeln, mit gehackten grünen Chilis, gewürfelten Zwiebeln und Koriander vermengen, 1 TL Ahornsirup und etwas Olivenöl einrühren, mit Maischips servieren.
Tamarillos schälen, in Scheiben schneiden und anstelle von Tomaten in grüne Salate geben.
Brote mit gesalzenen Tamarillo-Scheiben belegen.
Salsa-Sauce mit Tamarillos anstelle von Tomaten zubereiten und mit Tortillas, die mit Bohnen, Reis und Käse gefüllt sind, servieren.

Tamarillo-Salsa mit gefüllten Tortillas

Diese Gurken wachsen in Plastiktöpfen mit Abzugslöchern. Sie stehen in wasserdichten Kisten – die perfekte Umgebung für die durstigen Pflanzen.

Binden Sie die wachsenden Triebe an die Stütze.

Stehen die Kisten auf Rädern, kann man die Pflanzen problemlos überall dort hinstellen, wo sie von allen Seiten viel Sonne bekommen.

Level 3
Schwer

Gurken auf Rädern

Mit ein paar **Gurkenpflanzen** lässt sich ein ansprechender grüner **Raumteiler** zaubern. Er wächst schnell und liefert an einem sonnigen Standort auch noch **viele schmackhafte Früchte** (siehe Projekt).

Ernten Sie die Gurken regelmäßig, um die Pflanzen zur Bildung immer neuer Blüten und Früchte anzuregen.

Mehr Licht

Gurken verlangen viel Licht, damit ihre Früchte ausreifen. Sie müssen also vor einem großen Südfenster oder unter einem Oberlicht stehen. Man pflanzt am besten rein weibliche Gewächshausgurken, dann entwickelt sich jede Blüte zu einer Gurke. Freilandformen lassen sich zwar ebenfalls drinnen ziehen, bilden aber auch nicht fruchtende männliche Blüten, die gebraucht werden, um weibliche Blüten zu bestäuben (siehe S. 155).

Gurkenblüte

Groß und schön

Selbst gezogene Gurken schmecken oft besser als gekaufte. Falls man ihnen günstige Wuchsbedingungen bieten kann, lohnt sich deshalb der Eigenanbau. Eine Grundvoraussetzung für die Indoor-Kultur ist allerdings viel Platz: Die Kletterpflanzen werden gut und gern 1,5 m hoch und breit. Etwas im Zaum halten kann man sie, wenn man sie in maßgeschneiderten Einheiten zieht (siehe Projekt auf der nächsten Seite).

Heranreifende Früchte
Sobald die Blüten welken, erkennt man dahinter schon eine Minigurke. Nun dauert es nur noch wenige Wochen, bis sie erntereif sind.

Jung und süß
Schneiden Sie die Gurken ab, sobald sie in etwa so groß sind wie auf der Samenpackung oder dem Pflanzenetikett angegeben.

Im Überblick

- 4-5 Std.
- Volle Sonne
- Alle zwei Tage wässern
- Ab der Blüte alle 14 Tage Kalidünger verabreichen
- Etwa 12-14 Wochen nach der Aussaat ernten

Projekt »

Gurkenkiste auf Rädern

Diese **speziell gezimmerte** Kiste auf Rädern ist das ideale **Indoor-Pflanzgefäß** für Gurken. In ihr kann man die Gewächse überall dorthin schieben, wo sie viel Sonne bekommen – und nachts bei Bedarf aus dem Weg räumen.

SIE BRAUCHEN:

- **große, robuste Gemüsekiste**
- **18 mm dicke Sperrholzplatte von der Größe des Kistenbodens**
- **Stift**
- **Maßband**
- **Handsäge**
- **Akkuschrauber**
- **20 Senkschrauben zum Befestigen der Möbelrollen (20 mm bzw. passend zu den Löchern in den Rollen)**
- **4 unbehandelte, zurechtgeschnittene Latten, 25 x 20 mm, als Rahmen für die Kiste (Schritt 3-5)**
- **8 25-mm-Senkschrauben zum Befestigen der Latten an der Kiste (Schritt 4-5)**
- **4 nicht färbende Möbelrollen**
- **dicke Gartenschnur**

1 Stellen Sie die Kiste auf die Sperrholzplatte und zeichnen Sie mit dem Stift ihre Umrisse auf die Platte. Schneiden Sie das eingezeichnete Stück so mit der Handsäge aus, dass es in die Kiste passt.

2 Befestigen Sie die ausgeschnittene Sperrholzplatte mit je einer Senkschraube in jeder Ecke am Boden der Kiste. Bohren Sie die Löcher aber vor, um ein Splittern des Holzes zu vermeiden.

3 Schneiden Sie die vier Latten so zurecht, dass sie einen 1 m hohen Rahmen bilden, der so breit ist wie die Kiste. Bohren Sie in die breite Lattenseite alle 10 cm ein Loch, beginnend mit 10 cm Abstand zum Ende.

4 Befestigen Sie die beiden langen Latten, die die vertikale Seite des Klettergerüsts bilden, mit je zwei 25-mm-Senkschrauben pro Latte in den hinteren Ecken der Kiste.

5 Schneiden Sie zwei Querstreben für den Lattenrahmen zurecht. Die erste wird mit 25-mm-Schrauben unten zwischen die Latten, die zweite, etwas längere als Querlatte obenauf geschraubt.

6 Legen Sie die Konstruktion zur Seite und befestigen Sie die Möbelrollen mit den 20-mm-Schrauben an der Unterseite – in jede Ecke eine Rolle.

7 Fädeln Sie nun am unteren linken Loch beginnend die Schnur zunächst vertikal, dann horizontal so durch die gebohrten Löcher, dass ein Gittermuster entsteht.

Damit der Kletterrahmen stabiler wird, kann man seine oberen und unteren Ecken mit verzinkten Flachwinkeln verstärken.

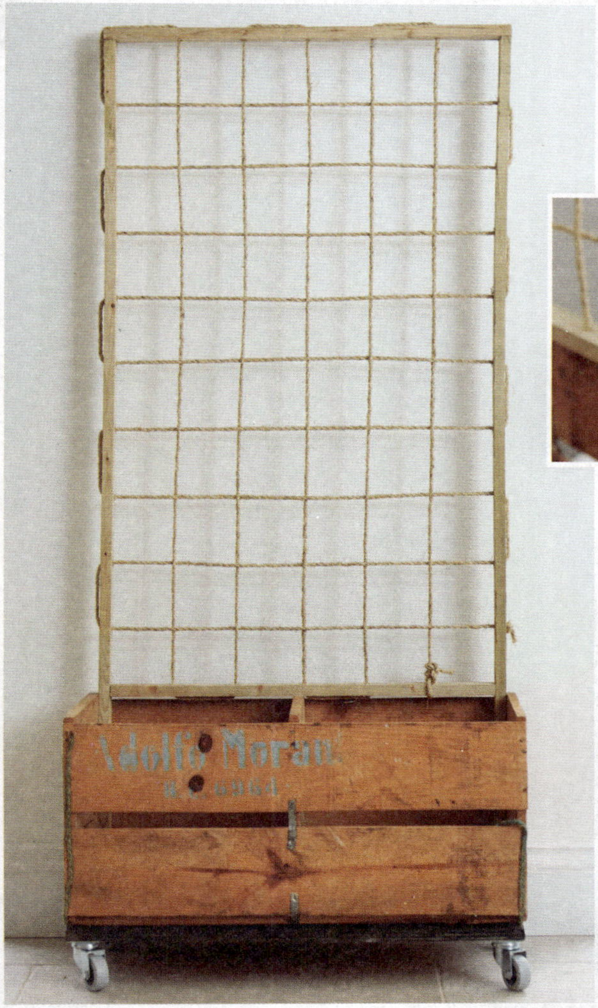

Binden Sie den Anfang der Schnur fest, bevor Sie mit dem Fädeln beginnen.

Zum Schluss wird das Ende der Schnur mit einem Knoten fixiert.

8 Straffen Sie die Schnüre so, dass sie fest gespannt sind. Dann fixiert man das Ende mit einem Knoten und schneidet die überschüssige Schnur ab. Nun kann die Kiste bepflanzt werden.

Für Eilige

Statt einen Rahmen selbst zu zimmern und zu bespannen, kann man auch mit vorgefertigten Rankgittern aus Holz arbeiten. Dazu schraubt man nach Schritt 1–4 das Gitter an die aufrechten Latten. Zusätzlich können Gitter und Latten passend zur Einrichtung gestrichen werden.

Schrauben sie das Gitter fest.

Kiste mit Rankgitter

Weiter >>

Gurken in einer Kiste auf Rädern ziehen

Gurken gedeihen in einem warmen, hellen Raum bei Temperaturen zwischen 21 und 24 °C.

Man kann **Gurken ansäen** oder als Setzlinge im Fachhandel kaufen. In der Gurkenkiste wachsen sie zu einer **beeindruckenden** grünen Wand aus Blättern, Blüten und Früchten heran.

SIE BRAUCHEN: • kleine Töpfe aus Plastik oder Kokosfaser • Gurkensamen • Saaterde • Blumenerde • Gießkanne • 4 große Plastiktöpfe, die in die Kiste passen, 2 davon mit Abzugslöchern und 2 ohne Abzugslöcher • Schnur • Gartenschere

1 Füllen Sie die Kokosfaser- oder Plastiktöpfe mit Saaterde. Säen sie zwei bis drei Samen pro Topf und decken Sie sie mit etwas Erde ab. Dann wässert man und stellt sie auf einen warmen, hellen Platz, etwa eine Fensterbank. Innerhalb von ein bis zwei Wochen sollten die Samen keimen. Sobald die Sämlinge zwei bis drei echte Blätter haben (nicht nur Keimblätter), setzt man sie in einen eigenen Topf mit Blumenerde (S. 200–201), bis sie 20 cm hoch sind.

Die Plastiktöpfe mit Abzugslöchern müssen gut in die wasserdichten Gefäße passen.

2 Stellen Sie die beiden wasserdichten Gefäße in die Kiste und setzen Sie die Plastiktöpfe mit Abzugslöchern hinein. Letztere werden bis etwa 3 cm unter den Rand mit Blumenerde gefüllt.

3 Setzen Sie ein bis zwei Pflänzchen in jeden Topf und drücken Sie die Erde leicht an, um Lufteinschlüsse zu entfernen. Hatten die Pflänzchen im alten Topf Stützen, siedelt man diese mit um. Gut wässern.

4 Stellen Sie die Gurkenkiste an einen sonnigen Platz in Ihrer Wohnung. Gurken blühen und fruchten bei wenig Licht nicht gut. Während die Triebe wachsen, bindet man sie mit einer Schnur an das Rankgitter. Dabei achtet man darauf, dass sie gleichmäßig über die Stütze verteilt sind.

5 Drehen Sie die Kiste alle paar Tage, damit die Pflanzen von allen Seiten gleichmäßig Licht bekommen. Sobald die Blüten erscheinen, düngt man sie alle zwei Wochen mit Kalidünger. Wer rein weibliche Sorten zieht, zwickt männliche Blüten ab, sofern welche erscheinen (S. 155).

6 Große Blätter, die reifende Gurken beschatten, schneidet man ab. Die Pflanzen müssen weiter gut gewässert werden, dürfen aber nicht staunass stehen. Früchte ernten, sobald sie die auf dem Samenpäckchen oder Etikett angegebene Länge haben.

Kulturtipps

Um gute Erträge zu erzielen, zwickt man die Spitze des Haupttriebs ab, sobald er am oberen Ende der Stütze angelangt ist. Das regt die Pflanze zur Bildung von Seitentrieben an. Halten Sie Ausschau nach blühenden Seitentrieben: Sie werden bis zwei Blätter über einer weiblichen Blüte (mit einer winzigen Gurke dahinter) zurückgeschnitten. Auch die Spitzen nicht blühender Seitentriebe werden abgezwickt, sobald sie etwa 60 cm lang sind.

Haupttrieb einer Gurkenpflanze

Gurken

Cucumis sativus

Süße, saftige Gurken aus Eigenanbau schmecken wesentlich besser und sind knackiger als Supermarktware. Mit ihren großen Blättern taugen sie aber auch als Zierpflanzen.

Kultur

Kauf und Aussaat

Ausgesät werden Gurken im Frühjahr (mehr dazu auf S. 152). Man kann aber auch Setzlinge kaufen und in große Töpfe mit Blumenerde vereinzeln. Beim Pflanzen steckt man eine Rankhilfe am Topfrand in die Erde, an der die Gurken hochklettern können.

Licht und Wärme

Gurkensamen brauchen mindestens 20 °C, um zu keimen. Gewächshausgurken lassen sich in warmen Räumen aussäen, doch darf es nachts nicht unter 15 °C kalt werden. Freilandsorten kommen auch mit niedrigeren Temperaturen zurecht. Stellen Sie die Gurken an einen sonnigen Platz in Fensternähe.

Wässern

Gurken sind durstig und brauchen ständig feuchte, allerdings nicht nasse Erde. Man pflanzt sie in Töpfe mit Abzugslöchern und stellt sie auf Untersetzer oder in wasserdichte Übertöpfe. Ein paar Mal in der Woche befeuchtet man sie mit der Sprühflasche, um die Luftfeuchtigkeit zu erhöhen.

Laufende Pflege

Wenn der Haupttrieb das Ende seiner Stütze erreicht hat, kappt man ihn. Sobald die Blüten erscheinen, bekommt jede Pflanze alle 14 Tage einen kalireichen Dünger. Die Blüten von Freilandgurken müssen etwa jeden zweiten Tag von Hand bestäubt werden (mehr auf S. 207).

Ernte

Wenn sich die Gurken fest anfühlen und ihre endgültige Größe erreicht haben (siehe dazu die Angaben auf den Samenpäckchen oder Etiketten), schneidet man sie ab. Sie halten im Kühlschrank etwa zehn Tage.

Die besten Gurkensorten

Man unterscheidet zwei Gruppen: Gewächshausgurken, auch Salatgurken genannt, und die kleineren, warzigen Freiland- bzw. Einlegegurken. Beide lassen sich drinnen kultivieren, doch Freilandformen müssen handbestäubt werden und sollten nicht neben Gewächshausgurken stehen. Denn wenn männliche Blüten (ohne winzige Gurke dahinter) Freilandformen bestäuben, werden deren Früchte bitter. Viele Gewächshaussorten sind rein weiblich und müssen nicht bestäubt werden. Bilden sie trotzdem männliche Blüten, zwickt man sie ab.

◀ 'CUCINO'
Die kleinen Gurken dieser Sorte kann man essen, ohne sie schälen zu müssen. Sie sind knackig, schmecken saftig süß und sind rein weiblich, sodass man männliche Blüten abzwicken muss.
Höhe und Breite: 300 × 45 cm

'DELIZIA' ▶
Die Gewächshaussorte ist widerstandsfähig gegen Krankheiten. Ihre leicht gerippten kleinen Gurken mit fast durchscheinender Schale müssen nicht geschält werden. Männliche Blüten werden entfernt.
Höhe und Breite: 300 × 45 cm

◀ 'CARMEN'
Eine sehr widerstandsfähige Gewächshaussorte mit vielen dunkelgrünen, knackigen Früchten. Männliche Blüten werden entfernt, sobald man sie entdeckt.
Höhe und Breite: 300 × 45 cm

'BUSH CHAMPION' ▶
Eine kompakte Freilandform, die reichlich große, hellgrüne, feste Gurken bildet. Sie eignet sich ausgezeichnet für knapp bemessene Räume und kann in einem Topf an einem Bambusstab hochgezogen werden. Handbestäubung garantiert guten Ertrag (S. 207).
Höhe und Breite: 60 × 20 cm

'Bush Champion'

Koch-tipps

Gurkengenüsse

Schnell gemacht: Nizza-Salat aus Gurkenscheiben, Kopfsalat, reifen Tomaten, gedünsteten ganzen grünen Bohnen, hartgekochten Eiern und Thunfisch.

Gurke entkernen und mit Minze hacken. Mit zerdrücktem Knoblauch und griechischem Joghurt zu einem Tzatziki-artigen Dip mischen.

Gurkenscheiben, getrocknete Tomaten, frisches Basilikum und halbierte Falafel in einem Wrap als gesunden Snack servieren.

Je eine Gurke und Fenchelknolle in Scheiben schneiden. Mit geschnittenem Sellerie und Frühlingszwiebeln in gemischten Blattsalat geben und als Beilage servieren.

Gurken-Fenchel-Salat

Das efeuartige Laub und die gestreiften kleinen Früchte der Mexikanischen Minigurke in einer aufgehängten Holzkiste sind ein wahrer Blickfang.

Level 1
Leicht

Minigurken in Hängekisten

Mexikanische Minigurken sind überaus dekorative Früchte. Sie baumeln wie kleine, **grün gestreifte Kugeln** an langen Hängetrieben und schmecken nach **Gurke** mit einem Hauch **Limette.** Für Blumenampeln oder Hängekörbe sind sie wie geschaffen.

Minigurken müssen nicht geschält werden. Sie sind die ideale Knabberei für die Lunchbox von Kindern.

Erfrischend

Setzlinge können bei Online-Anbietern bestellt werden, man kann sie aber auch kinderleicht aus Samen ziehen, die einen Bruchteil kosten. Sät man im zeitigen Frühjahr in Töpfe aus, darf man sich während des Sommers über viele saftige Früchte freuen. Sie sehen aus wie Miniwassermelonen und können geschnitten in Salate, Salsa-Saucen und Gemüsebeilagen gemischt oder ganz als gesunder Snack genascht werden.

Minigurken

Grüne Kaskaden

Mexikanische Minigurken sind Kletterpflanzen und bilden lange Triebe und geringelte Ranken, mit denen sie sich festhalten. Man kann sie wie hier gezeigt aus einer Blumenampel bzw. einem Hängekorb nach unten wachsen lassen oder in einen großen Topf mit Kletterhilfe im hinteren Teil setzen, an der sie sich gurkenähnlich hochziehen können. Minigurken sind tropischen Ursprungs und brauchen daher viel Sonne. Man stellt sie am besten an ein Südfenster oder unter ein Oberlicht.

Die Triebe können bis zu 12 m lang werden.

Mexikanische Minigurken vor einem Fenster

Im Überblick

- 3-4 Std.
- Volle Sonne
- Alle zwei bis drei Tage wässern
- Ab der Blüte wöchentlich kalireichen Dünger geben
- Ernten, wenn die Früchte traubengroß und fest sind

Projekt »

Minigurken in Hängekisten ziehen

Richten Sie den **winzigen Köstlichkeiten** ein gemütliches Zuhause in einer an die Decke gehängten **Holzkiste** ein. Auf diese Weise lassen sich die Früchte bequem ernten, sobald sie die **Größe von Trauben** haben.

SIE BRAUCHEN:

- 8-cm-Plastiktöpfe
- Minigurken-Saatgut
- Saaterde
- Vermiculit
- Holzkiste
- Seil oder kräftige Schnur
- große Plastiktöpfe, die in die Kiste passen
- Blumenerde
- wasserdichtes Segeltuch oder eine extrastarke Folie und Briefklemmer (Foldbackklammern)
- Styroporreste
- evtl. Sphagnum-Moos
- großen Deckenhaken
- Gießkanne mit Brauseaufsatz
- Schere

Minigurken müssen von Hand bestäubt werden, sonst trägt die Pflanze keine Früchte (siehe S. 207).

1 Füllen Sie ein paar kleine Töpfe mit Saaterde. Legen Sie in jeden Topf zwei bis drei Samen und decken Sie sie mit einer Lage Vermiculit ab. Dann wässern und auf eine sonnige Fensterbank stellen. Es dauert einige Wochen, bis die Samen keimen.

2 Sobald die Pflänzchen 8 cm hoch sind und ein paar Blattpaare haben, vereinzelt man sie in größere Töpfe. Dazu hält man sie vorsichtig an einem Blatt fest, hebt den Wurzelballen mit einem Löffel oder einer Gabel aus dem Topf und setzt ihn um.

Pflanzen Sie die Sämlinge in größere Töpfe mit Blumenerde um.

3 Wässern Sie die Pflänzchen weiter regelmäßig. Ein paar Wochen nach dem Umsetzen kauft man zwei größere Plastiktöpfe, die gut in die Holzkiste passen. Setzen Sie jede Minigurke in ihren eigenen Topf und wässern Sie sie gut.

Die Triebe dürfen beim Einsetzen in die Kiste nicht verletzt werden.

4 Kleiden Sie die Holzkiste mit Segeltuch oder Folie aus. Die Folie wird am oberen Rand umgeschlagen, sodass sie mit dem Rand der Kiste abschließt, und mit einem Briefklemmer fixiert.

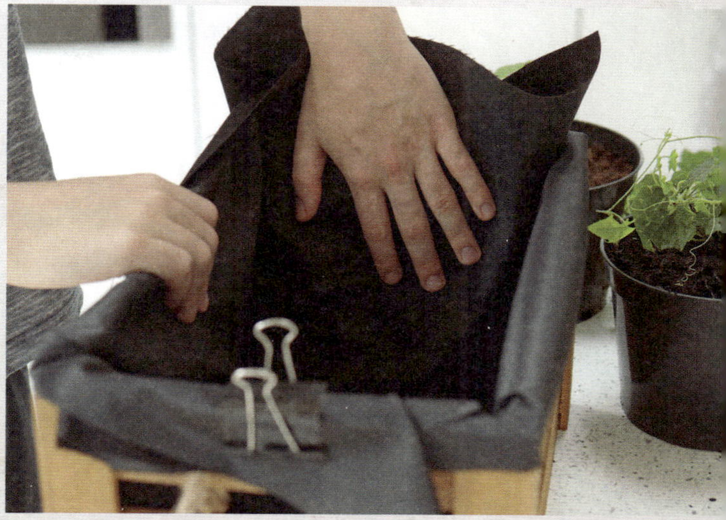

5 Nun kommen die Töpfe mit den Minigurken in die Kiste. Bei Bedarf gibt man Styroporstücke in die Kiste, um die Töpfe auf die passende Höhe zu heben – ihr Rand soll sich knapp unter dem Kistenrand befinden.

Tipps

Minigurken wässert man alle zwei bis drei Tage, sie dürfen jedoch nicht staunass stehen. Drehen Sie die Kiste alle ein bis zwei Wochen, wenn sie an einem Fenster hängt, damit die Pflanzen gleichmäßig wachsen. Sobald sie blühen, gibt man wöchentlich einen Tomatendünger. Die Blüten werden von Hand bestäubt.

Regelmäßiges Wässern ist wichtig.

6 Decken Sie die Töpfe mit Moos ab, um den Feuchtigkeitsverlust zu verringern. Hängen Sie die Kiste mit einem Seil an den Deckenhaken. Aus der Reihe tanzende Triebe werden (von unten gesehen) bis unter ein Blatt eingekürzt.

Im Überblick

1-2 Std.

Volle Sonne

Alle zwei Tage wässern

Ab der Blüte wöchentlich mit Kalidünger düngen

Ernten, wenn die Schoten voll ausgebildet sind und ihre endgültige Farbe haben

Level 1 Leicht

Paprika in farbenfrohen Töpfen

Mexiko und **Südamerika** ist die Heimat dieser Exoten. Sie tragen **vom Hochsommer bis zum Frühherbst** viele farbenfrohe Früchte, müssen dafür aber in einem sonnigen, warmen Raum stehen und regelmäßig gedüngt werden.

SIE BRAUCHEN: • Kunststoff- oder Keramiktopf, mindestens 30 cm breit und tief • Untersetzer • vorgedüngte Blumenerde • 3 Paprikapflänzchen (z. B. die Sorte 'Luteus') • 3–4 Exemplare kriechender Sand-Thymian (*Thymus serpyllum*) • Gießkanne mit Brause • 3 Stützstäbe • weiche Schnur oder Pflanzenbinder • Sprühflasche

1 Stellen Sie den Plastiktopf auf einen Untersetzer, falls er Abzugslöcher hat, oder nehmen Sie gleich einen Topf mit Bewässerungssystem (S. 28). Füllen Sie den Topf mit Blumenerde und pflanzen Sie die Setzlinge gleichmäßig verteilt.

2 Setzen Sie den Thymian an den Rand. Drücken Sie das Substrat um alle Pflanzen gut fest, um Lufteinschlüsse zu entfernen. Wässern Sie gut und geben Sie mehr Erde hinein, falls die Wurzeln freigeschwemmt werden.

3 Drücken Sie neben den inneren Rand des Wurzelballens jeder Paprika einen Stab in das Substrat. Mit einer Schnur oder einem Pflanzenbinder werden die Haupttriebe vorsichtig daran befestigt. Auch später werden die wachsenden Triebe immer wieder angebunden.

Binden Sie die Schnur in Achterform.

Sobald die Blüten erscheinen, besprüht man sie alle ein bis zwei Tage, um den Fruchtansatz zu fördern.

Die reifen Paprikaschoten werden nah am Trieb mit einer scharfen Gartenschere abgezwickt.

Wenn die Früchte schwerer werden, müssen ggf. weitere Stützen in die Erde gesteckt werden.

Wichtig ist ein sonniger Standort.

Schützen Sie den Boden mit einem Untersetzer vor Wasserschäden.

Stellen Sie den Paprikatopf vor ein Südfenster oder unter ein großes Oberlicht in einem warmen Raum – das kommt dem natürlichen Lebensraum der Pflanzen am nächsten.

Paprika

Capsicum annuum

Dieses Gemüse ist ein Gesundheitspaket voller Antioxidantien und Vitamine. Die Schoten sind am süßesten und knackigsten, wenn man sie frisch vom Trieb pflückt. Man genießt sie roh oder gekocht in mediterranen sowie asiatische Gerichten.

Kultur

Kauf und Aussaat

Säen Sie Paprika im zeitigen Frühjahr (siehe S. 204–205) in Töpfe mit Saaterde oder kaufen Sie etwas später Setzlinge im Gartenhandel. Die Pflänzchen kommen nach und nach in immer größere Töpfe mit Blumenerde.

Licht und Wärme

Paprika stammt aus Mexiko und mag es entsprechend warm. Die Samen brauchen 18–25 °C, um zu keimen. Ein warmer, sonniger Platz vor einem Fenster oder unter einem Oberlicht behagt den Pflanzen bestens.

Wässern

Man wässert alle ein bis zwei Tage, vor allem bei Hitze. Staunässe unbedingt vermeiden!

Laufende Pflege

Stützen Sie hohe Pflanzen (S. 160). Ab der Blüte versorgt man sie wöchentlich mit einem Kalidünger. Die Blüten werden alle paar Tage besprüht, um den Fruchtansatz zu fördern. Auch sollte der Raum häufig gelüftet werden.

Ernte

Reife Paprika fühlen sich fest an. Man erntet sie, sobald sie so groß sind, wie auf dem Samenpäckchen oder Etikett als endgültige Größe angegeben ist. Regelmäßiges Abschneiden der Schoten fördert die Bildung weiterer Früchte.

Die besten Indoor-Sorten

Paprika gibt es in unterschiedlichsten Farben. Auch die meisten grünen Formen werden irgendwann gelb, orange oder rot.

'MOHAWK' ►
Kompakte, halb kriechende Pflanzen für Töpfe auf einer sonnigen Fensterbank. Sie tragen viele kleine, runde Schoten, die sich reif orange färben.
Höhe und Breite: 50 × 40 cm

'LUNCHBOX MIX' ▲
Die kleinen Schoten dieser mittelgroßen Form sind zunächst grün und werden später gelb, rot und orange. Sie sind die ideale Nascherei für die Lunchbox.
Höhe und Breite: 90 × 45 cm

◄ **'THOR'**
Die hohe, elegante Pflanze bildet lange rote Schoten mit süßem Geschmack und knackiger Textur. Sie sind ideal für Salate oder zum Grillen.
Höhe und Breite: bis 150 × 60 cm

'TEQUILA' ▲
Die dunkelviolette Schale und das weiße Fleisch dieser mittelgroßen Sorte bilden einen starken Kontrast zu roten oder gelben Formen. Die Früchte werden aber irgendwann rot.
Höhe und Breite: 90 × 45 cm

◄ **'LUTEUS'**
Die süßen grünen, später gelben Schoten reifen an kompakten Pflanzen, die auf einer Fensterbank oder sonniger Küchenarbeitsplatte bestens aufgehoben sind.
Höhe und Breite: 60 × 40 cm

An dieser Sorte bilden sich über mehrere Wochen hinweg happengroße Früchte.

◀ **'BONETA'**
Eine Sorte mit üppig dunkelgrünem Laub und hellgrünen, später leuchtend roten Minifrüchten, die im Spätsommer reifen.
Höhe und Breite:
50 × 40 cm

Koch-tipps

Paprikagerichte

Halbierte, entkernte rote Paprika mit Brokkoliröschen und roten Zwiebeln grillen und als farbenfrohe Beilage zu Königsgarnelen oder Rind servieren.

Beilage mit gegrillten Paprika

Oberseite der Schoten entfernen, entkernen und mit einer Mischung aus Couscous, Pinienkernen, Oliven, Feta, getrockneten Tomaten und Basilikum füllen. In Folie wickeln und im Herd 20 Min. backen.

Gebackene rote und gelbe Paprika zu gerösteten Zwiebeln, Pflaumentomaten aus der Dose, zerdrücktem Knoblauch und Gemüsebrühe geben und zu einer Nudelsauce kochen.

Obst

Ein sonniges Zimmer ist der ideale Ersatzgarten für allerlei Obstgewächse von Orangen bis hin zu Pfirsichen. Wer den schönen Pflanzen einen Platz in seiner Wohnung zugesteht, wird mit Blüten und Früchten reich belohnt.

Obst: Basics

Mit der richtigen **Obst-Crew** aus Erdbeeren, Nektarinen, Pfirsichen und exotischen Früchten holt man sich **den Sommer** und einen Hauch von **Tropen** in die Wohnung.

Exotische Genüsse

Exotische Früchte kultivieren, die draußen keinen Winter überleben würden? Ein Indoor-Garten macht's möglich. Kapstachelbeeren etwa lassen sich problemlos auf einer Fensterbank ziehen und liefern ohne großen Aufwand exotisch schmeckende, goldgelbe Beeren, sofern sie täglich gewässert werden. Die Ananas-Guave, auch Feijoa genannt, wächst ebenfalls drinnen und setzt köstliche essbare Blüten und Früchte an.

Frisch und fruchtig

Zitrusfrüchte lassen sich in der Wohnung nicht immer einfach kultivieren, denn sie brauchen es im Winter kühl. Wer ihnen aber das ganze Jahr über Bedingungen bieten kann, die ihnen behagen, hat mit ihnen großartige Zimmerpflanzen. Ihr süßer Blütenduft und die leuchtenden Früchte bringen Körper und Geist auf Trab: Sie enthalten viele Mineralien und Vitamine, allen voran Vitamin C. Man kann sie in unzähligen süßen und würzigen Gerichten und Getränken zum Einsatz bringen. Einen Versuch wert ist auch die Kaffernlimette, die in Asien wegen ihrer würzigen Blätter und der säuerlichen, grünen Früchte geschätzt wird.

Geschmack des Sommers

Beeren wie Erdbeeren und Baumobst wie Pfirsiche gedeihen in einem warmen, sonnigen Raum. Sie müssen aber von Hand bestäubt werden, wenn man den sommerlichen Geschmack ihrer Früchte genießen will. Wie Zitruspflanzen mögen sie es im Winter kühler – Erdbeeren halten in der kalten Jahreszeit sogar auf einer Außenfensterbank aus. All diese Früchte versorgen Sie mit reichlich Vitaminen, Mineralien und Antioxidantien. Am gesündesten sind sie, wenn man sie frisch von der Pflanze weg isst.

Zonen für Obst

Obst braucht viel Licht und Wärme, um zu himmlisch süßen Früchten heranzureifen. Ideal für sie sind daher die Zonen 1, 2 und 3. Die meisten Obstgehölze bevorzugen zum Überwintern außerdem einen kühlen Raum.

Zone 1

Südfenster
Im heißen, sonnigen Mikroklima vor einem Fenster fühlen sich Obstpflanzen wohl. Sie sollten jedoch regelmäßig gedreht werden, damit alle Seiten genug Sonne bekommen.

Zone 2

Ost- und Westfenster
Eine gute Ernte ist Ihnen sicher, wenn Sie Ihre Obstgewächse vor einem großen Ost- oder Westfenster positionieren – aber nur, solange es nicht im Schatten liegt.

Zone 3

Unter einem Oberlicht
Auch hier fühlt sich Obst wohl, vor allem wenn aus einem seitlichen Fenster zusätzlich Licht in den Raum fällt. Für Monatserdbeeren ist es aber vielleicht schon zu heiß.

Zone 4

Wände
Erdbeeren, vor allem Monatserdbeeren, kommen mit einer hellen Wand ohne direkte Sonne gut zurecht. Obstbäume sind aber vielleicht zu groß für diesen Standort.

Zone 5

Dunkle Ecken
Man kann versuchen, Erdbeeren unter Pflanzenlampen zu ziehen. Obstbäume leiden in dunklen Winkeln und kommen auch nicht mit künstlichem Licht zurecht.

Zone 6

Raummitte
Auch dieser Standort ist etwas für Erdbeeren. Manche Obstgehölze sind hier gut aufgehoben – aber in der Regel nur, wenn es sich um ein sonniges Südzimmer handelt.

Zone 7

Kühle (unbeheizte) Südzimmer
Damit Zitrusgehölze, Feigen, Pfirsiche und Nektarinen jedes Jahr Früchte tragen, müssen sie kühl überwintert werden, etwa in einem unbeheizten Raum.

Zone 8

Außenfensterbank
Erdbeeren gedeihen hier ebenso gut wie Kapstachelbeeren – Letztere aber nur, wenn kein Frost mehr zu erwarten ist. Obstbäume stellt man auf Balkone.

Level 2
Mittel

Monatserdbeeren auf dem Regal

Monatserdbeeren sind die Kulturform der **Walderdbeeren.** Sie gedeihen an einem hellen Platz ohne direkte Sonne und sind daher **ideal** für Zimmer ohne Südfenster oder Oberlicht. Auf einem Wandregal kommen sie bestens zur Geltung (siehe Projekt).

Monatserdbeeren überwintert man in einem kühlen Raum oder auf einem geschützten Balkon.

Kultur

Als Verwandte der wild wachsenden Walderdbeeren sind Monatserdbeeren kleiner als Gartenerdbeeren. Wenn sie reich tragen sollen, brauchen sie viel Licht, aber zu heiß sollte es nicht werden: Temperaturen von 16–21 °C sind ideal für sie. Die robusten Pflanzen sind wenig anfällig für Schädlinge und Krankheiten. Ihre kleinen, süßen Beeren erscheinen ab dem Frühsommer in mehreren Schüben. Zieht man Monatserdbeeren in der Wohnung, müssen sie allerdings von Hand bestäubt werden. Wie das geht, erfahren Sie unten.

Die kleinen süßen Früchte sind eine gesunde Nascherei für Kinder.

Monatserdbeeren (*Fragaria vesca*)

Streichen Sie täglich mit einem sauberen, weichen Pinsel über jede Blüte.

Handbestäubung von Erdbeeren

Pflege

Sobald sich die Blüten öffnen, versorgt man die Pflanzen alle 14 Tage mit einem kalireichen Dünger. Da in Wohnungen kaum Insekten zu den Blüten gelangen, muss man ihre Arbeit übernehmen und die Blüten von Hand bestäuben. Gehen Sie alle paar Tage mit einem Malpinsel von Blüte zu Blüte und streichen Sie darüber – so übertragen Sie die Pollen.

Walderdbeere 'Scarlet Beauty'

Die kleinen Monatserdbeeren erscheinen im Sommer und Herbst über viele Wochen.

Diese dekorativen Pflanzregale wurden aus einer Holzkiste gezimmert. Für Monatserdbeeren reicht der Platz, den sie bieten, völlig aus. Die Pflänzchen gedeihen in den Holzfächern und liefern viele kleine, aber saftige Beeren.

Im Überblick

3-4 Std.

Halbschatten

Alle 2-3 Tage wässern

Ab der Blüte alle 2 Wochen mit Kalidünger versorgen

Ab dem Frühsommer ernten

Projekt »

SIE BRAUCHEN:

- Sperrholzplatte, etwa 75 x 55 cm groß und 18 mm dick
- Tafellack oder Emulsionsfarbe
- Handsäge
- eine Arbeitsfläche, etwa einen alten Tisch
- Stift
- Holzlatte, ca. 25 x 38 mm, Länge abhängig von der Holzkiste
- Winkelmesser zum Abmessen eines 45°-Winkels
- Wein- oder Obstkiste aus Holz
- Bohrschrauber
- 16 Kreuzschlitzschrauben M8 x 30 mm für Latten und Kiste
- 4 Kreuzschlitzschrauben M10 x 80 mm für die Befestigung des Regals an der Wand
- 2 extra reißfeste Müllsäcke oder wasserdichtes Dichtmaterial
- 2 Kokosfaserauskleidungen für Hängekörbe
- 8-10 Monatserdbeerpflanzen
- Blumenerde

Wässern Sie die Erdbeeren alle paar Tage. Das Substrat sollte feucht, aber nicht staunass sein.

Erdbeeren an der Wand

Rudimentäre **Schreinerkenntnisse** und ein paar Werkzeuge reichen, um eine **ausgediente Wein- oder Gemüsekiste** in ein dekoratives Wandregal für **Monatserdbeeren** umzufunktionieren.

1 Schneiden Sie die Sperrholzplatte mit der Handsäge für die Wand zurecht; sie muss mindestens zwei Holzfächern Platz bieten. Streichen Sie die Platte zweimal mit Tafellack oder Emulsionsfarbe.

2 Messen Sie mit einem Winkelmesser einen 45°-Winkel an der Vorderfront der Kiste ab und zeichnen Sie ihn von der oberen Ecke zum Boden ein. Auf der gegenüberliegenden Seite wiederholen.

3 Sägen Sie eine Seite der Kiste, dann die andere jeweils an der Linie ab. Evtl. herausragende Nägel entfernen. Auf der anderen Seite der Kiste wiederholen, sodass zwei gleiche Fächer entstehen.

4 Die Platte auf die Arbeitsfläche legen und beide Teile so darauf platzieren, wie sie übereinanderstehen sollen. Eine Latte an die Innenseite eines Fachs legen und auf Höhe des oberen Fachendes markieren.

5 Schneiden Sie die Latte entlang der eingezeichneten Linie ab. Die anderen drei Lattenstücke ebenso zurechtschneiden – sie sollen später an der Innenseite der Pflanzfächer anliegen. Zeichnen Sie die Position der Fächer auf der Platte ein.

6 Bohren Sie mit dem Bohrschrauber Löcher an beiden Enden jedes Lattenstücks vor. Schrauben Sie nun die beiden Lattenstücke an die Platte. Achten Sie darauf, dass beide exakt in der markierten Position sitzen, bevor Sie sie anschrauben.

7 Schrauben Sie auch die anderen beiden Lattenstücke für das zweite Holzfach an. Nun schraubt man die Fächer mit dem Bohrschrauber an die Außenseiten der Latten. Eine Schraube kommt in das obere, eine in das untere Ende.

8 Schrauben Sie nun die Platte mit den Fächern an die Wand, in jede Ecke kommt eine Schraube. Die Fächer für die Pflanzen werden mit Folie ausgeschlagen oder mit einer Dichtmasse ausgekleidet.

9 Stellen Sie die Erdbeeren in ihren Töpfen in die Fächer. Man kann die Boxen aber auch mit Kokosfasermatten ausschlagen, mit Blumenerde befüllen und mit den Erdbeeren bepflanzen.

Wässern und Düngen

Wässern Sie die Erdbeeren alle paar Tage leicht – das Substrat sollte stets feucht sein, darf aber nie staunass werden. Sobald die Blüten erscheinen, bestäubt man sie von Hand und beginnt die Pflanzen alle zwei Wochen mit einem Kalidünger zu versorgen. Kaufen Sie jährlich neue Pflänzchen oder überwintern Sie sie in einem kühlen Raum bzw. draußen.

Sobald sie blühen werden die Erdbeeren regelmäßig gedüngt.

Erdbeeren

Fragaria

Erdbeeren gehören zu den beliebtesten Früchten. Bekommen sie etwas Aufmerksamkeit und Pflege, gedeihen sie auch drinnen. Falls man sie nicht auf eine Fensterbank oder einen Balkon nach draußen stellen kann, muss man sie aber von Hand bestäuben.

Erdbeeren liefern zwei bis drei Jahre lang Früchte, dann sind sie erschöpft.

Immertragende Sorte 'Albion'

Kultur

Kauf und Aussaat

Die meisten Erdbeersetzlinge kann man im Frühjahr wurzelnackt oder eingetopft kaufen. Monatserdbeeren lassen sich außerdem durch Aussaat in Saaterde heranziehen. Sie brauchen aber einige Wochen, bis sie keimen.

Licht und Wärme

Monatserdbeeren kommen bestens mit Halbschatten etwa an einem Ost- oder Westfenster zurecht. Auch Gartenerdbeeren (*Fragaria × ananassa*) vertragen Halbschatten, fruchten aber in der vollen Sonne besser. Ideal ist eine Temperatur zwischen 13 und 21 °C.

Wässern

Gutes Wässern ist wichtig. Setzen Sie die Pflanzen in Töpfe mit Abzugslöchern, damit nie Staunässe entsteht, die die Erdbeeren faulen lässt. Im Winter weniger gießen.

Laufende Pflege

Ab der Blüte sollten Erdbeeren alle ein bis zwei Wochen einen Kalidünger bekommen. Bei der Indoor-Kultur bestäubt man die Blüten täglich von Hand (siehe Seite 168). Wachsen sie auf einer Außenfensterbank, deckt man die Pflanzen mit einem Netz ab, damit hungrige Vögel sie Ihnen nicht vor der Nase wegnaschen. Ältere Triebe und welke Blätter werden im Winter entfernt.

Ernte

Erdbeeren erntet man, sobald sie rot und weich sind. Häufiges Abernten fördert den Blüten- und Fruchtansatz.

Substrat festdrücken

Wurzelnackte Erdbeeren pflanzen

Sobald man die Pflänzchen zu Hause hat, weicht man sie zehn Minuten ein und setzt sie dann in einen Topf mit Abzugslöchern und guter Qualitätsblumenerde oder tonhaltigem Substrat. Der Topf muss so tief sein, dass sich der Wurzelhals, an dem die Triebe ansetzen, auf Bodenhöhe befindet und die Wurzeln nach unten genug Platz haben und sich nicht nach oben biegen müssen – ggf. kürzt man sie auf 10 cm ein. Nach dem Setzen wässert man sie über einem Waschbecken.

Die besten Indoor-Formen

Man unterscheidet drei Gruppen: Monatserdbeeren sowie einmal- und immertragende Gartenerdbeeren. Monatserdbeeren haben kleinere Beeren, vertragen aber mehr Schatten. Einmaltragende Gartenerdbeeren fruchten im Juni und Juli reichlich, immertragende bis in den Herbst.

'ALBION'
(*Fragaria* × *ananassa* 'Albion')
Die dunkelroten Beeren dieser immertragenden Sorte erscheinen vom Sommer bis in die Herbstmitte. Sie schmecken intensiv, süß und sind widerstandsfähig gegen Krankheiten.
Höhe und Breite: 20 × 30 cm

'HONEOYE'
(*Fragaria* × *ananassa* 'Honeoye')
Eine einmaltragende Sorte mit köstlichem Geschmack und festem, aber saftigem Fleisch.
Höhe und Breite: 20 × 30 cm

'SNOW WHITE'
(*Fragaria* × *ananassa* 'Snow White')
Die Beeren dieser ungewöhnlichen weißen Sorte mit roten Samen schmecken nach Ananas. Vögel erkennen sie nicht, wenn man sie draußen kultiviert.
Höhe und Breite: 40 × 50 cm

MONATSERDBEEREN
(*Fragaria vesca* var. *hortensis*)
Die Kulturform der Walderdbeere fruchtet vom Sommer bis zum Frühherbst und ist ideal für Töpfe und Blumenampeln.
Höhe und Breite: 20 × 30 cm

'MARA DES BOIS'
(*Fragaria* × *ananassa* 'Mara des Bois')
Köche schätzen den überragenden Geschmack dieser immertragenden Form. Ihr Geschmack ähnelt denen von Walderdbeeren. Sie kann den ganzen Sommer über geerntet werden.
Höhe und Breite: 20 × 30 cm

'FRAU MIEZE SCHINDLER'
(*Fragaria* × *ananassa* 'Frau Mieze Schindler')
Diese Sorte bietet einen hohen Ertrag süßer Beeren mit außergewöhnlichem Geschmack. Sie trägt im Juli.
Höhe und Breite: 30 × 40 cm

Koch-tipps

Süß und saftig

Als Nascherei für den Sommernachmittag Butterkekse mit geschnittenen Erdbeeren belegen, mit Streichrahm bestreichen, ein paar Erdbeerscheiben obenauf legen und mit Tee servieren.

Erbeeren in Scheiben mit frischen Spinatblättern und Mandelsplittern zu einem farbenfrohen Salat mischen.

Für Fruchteis-Lollis Erdbeeren, Naturjoghurt und Honig in der Küchenmaschine pürieren und in Formen einfrieren.

Erdbeerlikör über Monatserdbeeren gießen, über Nacht kühlen und mit Holundercreme garniert servieren.

Kekse mit Erdbeeren und Streichrahm

Im Überblick

2 Std. Vorbereitung

Volle Sonne

Alle ein bis zwei Tage wässern

Ab der Blüte wöchentlich mit Kalidünger versorgen

Ernten, sobald die Beeren rot bzw. die Blüten geöffnet sind

Level 1
Leicht

Obst- und Blütenkasten

Bepacken Sie einen **Fensterkasten** mit **Erdbeeren,** pfeffriger **Kapuzinerkresse** und den würzigen Blüten von **Ringelblumen.** Da ist alles dabei, was man für süße und pikante Salate braucht.

Erdbeeren werden von Insekten bestäubt. Deshalb fruchten sie auf einer Außenfensterbank besser als drinnen.

SIE BRAUCHEN: • Fensterkasten • Blumenerde • 3 immertragende Erdbeeren (Sorten siehe S. 173) • 3 Garten-Ringelblumen (*Calendula officinalis*) • 2 Exemplare der Echten Kapuzinerkresse (*Tropaeolum majus*) • Kies oder Mulch aus Muschelschalen • Gießkanne mit Brauseaufsatz

1 Ideal ist ein Kasten mit Abzugslöchern – falls er keine hat, bohrt man sie hinein. Befüllen Sie den Kasten bis 5 cm unter den Rand mit vorgedüngter Blumenerde. Wässern Sie alle Setzlinge gut und lassen Sie das Wasser abtropfen.

Drücken Sie das Substrat zwischen den Pflanzen fest, um Lufteinschlüsse zu vermeiden.

2 Pflanzen Sie Erdbeeren und Kapuzinerkresse abwechselnd an den vorderen Rand des Kastens. Die Ringelblumen kommen in den hinteren Bereich, denn sie werden am größten. Alle Wurzeln müssen mit Erde bedeckt sein.

3 Stellen Sie den Kasten auf einen Untersetzer und wässern Sie den Inhalt, damit sich die Erde um die Wurzeln setzt. Auf die Oberfläche kommt eine Schicht Kies- oder Muschelschalenmulch, um die Verdunstung von Feuchtigkeit zu verringern (siehe auch S. 201). Stellen Sie den Kasten auf eine Außenfensterbank

Ernten Sie die Blüten der Ringelblumen und Kapuzinerkresse regelmäßig, um die Pflanzen zu neuer Blüte anzuregen.

Diese Kombination aus Obst- und Blütenpflanzen in einem Kasten bietet den Sommer über eine abwechslungsreiche, bunte Show vor Ihrem Fenster.

Sobald die Blüten erscheinen, brauchen die Pflanzen wöchentlich einen Kalidünger als Stärkung.

Currygewürz, selbst gezogen

Level 2 Mittel

Peppen Sie **Thai-Currys** und Fischgerichte mit den Blättern selbst gezogener **Kaffernlimetten** auf. Sie können frisch oder getrocknet verwendet werden. Die **ungewöhnliche Pflanze** selbst bringt viel Leben in Ihre Wohnung.

Kaffernlimette

Im Überblick

10 Min.

Volle Sonne bei 18-24 °C im Sommer, 8-12 °C im Winter

Im Sommer mehrmals wöchentlich, im Winter spärlicher wässern

Im Sommer wöchentlich, im Winter monatlich düngen

Blätter bei Bedarf abschneiden

SIE BRAUCHEN: • Kaffernlimettenpflanze • großen Plastiktopf • Zitruspflanzenerde • mindestens 30 cm tiefen und 18 cm breiten Übertopf • Zitrusdünger • Gießkanne

1 Holen Sie die Pflanze aus ihrem Topf. Ist der Wurzelballen an den Rändern verdichtet, topft man sie in einen etwas größeren Plastiktopf mit Zitruspflanzenerde um (S. 182–183). Dann wird sie gewässert und in einen dekorativen Übertopf gestellt. Düngen Sie wie auf S. 178 und 180 beschrieben mit Langzeitdünger (links).

2 Kaffernlimetten brauchen im Sommer viel Sonne. Im Winter ziehen sie es kühl und hell vor. Indem man den Topf auf einen mit Kies oder Tongranulat und Wasser gefüllten Untersetzer stellt, erhöht man die Luftfeuchtigkeit. Etwas Moos auf dem Substrat hilft Feuchtigkeit speichern.

Zwicken Sie die Doppelblätter bei Bedarf ab. Man kann aber auch einen ganzen Zweig abschneiden und trocknen.

3 Ernten Sie die Blätter nur von Frühjahr bis Herbst, wenn die Pflanze sich mitten im Wachstum befindet. Im Winter lässt man sie besser in Ruhe. Das Laub kann frisch verwertet werden. Man kann es aber auch zum Trocknen aufhängen und später in einem luftdichten Behälter lagern. Sogar Einfrieren ist möglich.

Kaffernlimetten wachsen zu stattlichen Bäumen heran. Wenn Sie sich ein Exemplar zulegen, brauchen Sie also genug Platz an einem hellen Standort.
Ziehen Sie eine Chili und eine Kaffernlimette zusammen als Gewürzlieferanten. Beide mögen viel Sonne.
Zwicken Sie immer nur ein paar reife Blätter oder ein Triebstück auf einmal ab.
Wässert man zu viel, kann man der Kaffernlimette den Garaus machen. Fühlt sich die Erde nass an, gießt man überschüssiges Wasser ab und lässt sie austrocknen.

Zitronen & Limetten

Citrus spec.

Zitronen und Limetten sind vielseitige Früchte und eine wesentliche Zutat vieler Drinks, Desserts und pikanter Speisen. Wer sie zu Hause ziehen möchte, muss ihnen mediterrane Bedingungen bieten.

Zitronenbäume brauchen täglich mindestens sechs Stunden Sonne, damit die Früchte ausreifen.

Meyer-Zitrone

Kultur

Kauf und Aussaat

Zitronen- und Limettenbäume sind das ganze Jahr erhältlich. Sucht man sich Exemplare aus, an denen schon einige Früchte hängen, kann man sicher sein, dass die Pflanze gut trägt. Zitrusgewächse bevorzugen leicht saure Böden. Kaufen Sie Zitruspflanzenerde oder mischen Sie sich aus jeweils gleichen Teilen Moorbeeterde und tonhaltigem Substrat die Erde selbst. Von der Größe der Pflanze hängt ab, wie groß der Topf sein soll. Die meisten Exemplare brauchen jedoch einen mindestens 30 cm tiefen und 18 cm breiten Kübel.

Licht und Wärme

Sowohl Zitronen als auch Limetten verlangen sommers wie winters nach reichlich Sonne und gedeihen daher in einem hellen Südzimmer am besten. Im Winter sollte es aber kühler sein – ein unbeheizter Raum oder Wintergarten ist ideal. Oft fruchten sie nur nach einer solchen Kälteperiode. Im Sommer kann man sie getrost auf einen Balkon stellen.

Wässern

Das Substrat sollte feucht, aber nicht nass sein. Stellen Sie den Topf auf einen kiesgefüllten Untersetzer mit Wasser und besprühen Sie die Pflanze während der Wachstumsphase alle paar Tage mit weichem Wasser.

Laufende Pflege

Gedüngt wird von Oktober bis April einmal monatlich und ansonsten wöchentlich mit Zitrusdünger. Zum Schnitt von Zitruspflanzen siehe S. 206.

Empfehlenswert

Etliche Zitrusfrüchte eignen sich für die ganzjährige Indoor-Kultur. Ideal sind kompakte Formen auf einer schwachwüchsigen Unterlage. In Spezialgärtnereien erfahren Sie, welche für Ihre Wohnung am besten sind. Hier einige empfehlenswerte Formen.

◀ LIMONE
(*Citrus aurantiifolia*)
Sie ist kompakt genug für kleine Wohnungen. Selbst relativ junge Pflanzen tragen saftige Früchte. Limonen sind in der Kultur empfindlicher als Zitronen. **Fruchtgröße:** etwa 5 cm

KAFFERNLIMETTE ▶
(*Citrus hystrix*)
Ihre Blätter und Früchte sind in vielen asiatischen Gerichten mit von der Partie. Die Pflanzen sind relativ leicht zu ziehen und vertragen etwas höhere Wintertemperaturen. **Fruchtgröße:** etwa 8–10 cm

PERSISCHE LIMETTE ▲
(*Citrus latifolia*)
Die manchmal auch Tahiti-Limette genannten Früchte ähneln den handelsüblichen Limetten und sind ideal für Getränke und Desserts. Die Pflanzen tragen das ganze Jahr kernlose Früchte. Kaufen Sie ein Exemplar auf einer schwachwüchsigen Unterlage.
Fruchtgröße: etwa 5–6 cm

MEYER-ZITRONE ▲
(*Citrus limon* 'Meyer')
Der kompakte Zitronenbaum wird selten höher als 1,8 m. Er bildet dickschalige Früchte mit klassischem Zitronengeschmack. **Fruchtgröße:** etwa 8–10 cm

Koch-tipps

Zitruszauber

Zitronen und Limetten enthalten viel Vitamin C und sind Bestandteil vieler Drinks und Cocktails.
Aus dem Saft von Zitronen und Limetten lässt sich mit Wasser und Zucker ein erfrischender Sirup mixen.
Die Schale einer unbehandelten Zitrone mit etwas Butter und gehacktem frischem Rosmarin vermengen und unter die Haut eines Hähnchens schieben. Eine Zitrone in das Hähnchen legen und mitbraten.

In Salz eingelegte Zitronen wäscht man vor der Verwendung in der Küche

Ernte

Zitronen und Limetten blühen im späten Frühjahr und bilden in den nächsten sechs bis zwölf Monaten Früchte. Das heißt, dass eine Pflanze oft gleichzeitig duftende Blüten und reife Früchte trägt. Zitronen sind reif, sobald sie gelb werden und glänzen. Limetten werden reif ebenfalls gelb, aber in der Regel grün und fest geerntet.

Ernte und Lagerung

Die Früchte reifen nicht alle gleichzeitig, sondern über ein, zwei Monate hinweg. Deshalb hat man selten zu viele auf einmal, vor allem nicht, wenn der Baum noch klein ist. Schneiden Sie die Früchte ab oder drehen Sie sie, bis sie sich vom Ast lösen. Nach der Ernte verwertet man sie frisch, lagert sie bis zu zwei Wochen im Kühlschrank oder friert sie in Scheiben geschnitten ein.

Zitrusfrüchte, haltbar gemacht

Man kann kleine Zitronen in einem Einmachglas einlegen. Dazu gibt man Kräuter und Gewürze ins Glas, bedeckt sie mit gesalzenem Zitronensaft und legt die Zitronen darin ein. Nach ein paar Wochen füllt man Zitronensaft nach, falls nötig. Die eingelegten Früchte kommen in Tajines und anderen Hähnchengerichten zum Einsatz.

Level 2
Mittel

Topforangen für sonnige Räume

Platzieren Sie Kumquats und Calamondinorangen vor einem sonnigen Fenster oder unter einem Oberlicht. Sie dürfen nicht neben Heizkörpern und offenen Kaminen stehen.

Die kleinen **Calamondinorangen** und **Kumquats** tragen in einem sonnigen Raum ordentlich Früchte (siehe Projekt nächste Doppelseite). Calamondinorangen eignen sich bestens für **Marmelade.** Kumquats haben nicht nur ein wohlschmeckendes Fleisch, sondern auch eine essbare Schale.

SIE BRAUCHEN: • Untersetzer • Kies oder Tongranulat • Zitruspflanzen- oder Moorbeeterde • Zitrusdünger • Bittersalz • Eisendünger • Sprühflasche

Wässern und Düngen

Zitruspflanzen brauchen saure Böden. Wenn Sie hartes Wasser haben, sollten Sie die Pflanzen mit Regenwasser oder entkalktem Wasser gießen. Im Winter lässt man den Ballen fast völlig austrocknen, im Sommerhalbjahr dagegen hält man das Substrat stets leicht feucht. Wichtig ist ferner eine regelmäßige Versorgung mit Zitrusdünger. Besprühen Sie die Pflanze wöchentlich mit einer verdünnten Mischung aus 1 Teil Bittersalz und 1 Teil Eisendünger, damit sie immer gesund bleibt.

Es dauert fast ein Jahr, bis die Früchte reif sind. Deshalb stehen oft Früchte und Blüten gleichzeitig an der Pflanze.

Ideale Bedingungen

Um während der warmen Monate für hohe Luftfeuchtigkeit zu sorgen, setzt man die Pflanze in einen Topf mit Abzugslöchern und stellt ihn auf einen mit Kies oder Tongranulat und Wasser gefüllten Untersetzer. Calamondinorangen und Kumquats mögen es im Sommer sonnig und warm, im Winter aber stehen sie lieber kühl, etwa in einem unbeheizten Raum.

Tongranulat besteht aus Wasser bindenden Kügelchen. So bleibt die Luft rund um die Pflanze feucht.

Reife Kumquats können ab dem Spätwinter viele Wochen lang geerntet werden.

Calamondinorangen gehören zu den unkompliziertesten Orangen für die Indoor-Kultur. Sie tragen oft überreichlich.

Im Überblick

30 Min. zum Umtopfen

Volle Sonne bei 18-24 °C im Sommer, 8-12 °C im Winter

Im Sommer alle paar Tage, im Winter weniger wässern

Im Sommer wöchentlich, im Winter monatlich düngen

Früchte ernten, sobald sie reif sind

Projekt »

Calamondinorangen umtopfen

Calamondinorangen können im Topf **über 1,8 m** hoch werden. Damit sie **gesund** bleiben, sollte man sie alle **ein, zwei Jahre** im Frühjahr umtopfen. Das muss allerdings sehr vorsichtig geschehen, wenn sie gerade **Früchte tragen.** Zur Sicherheit kann man sie vor dem **Umsetzen** komplett abernten.

Orangen sind nährstoffhungrig und müssen vom Frühjahr bis zum Herbst wöchentlich gedüngt werden. Im Winter reicht monatliches Düngen.

SIE BRAUCHEN: • Plastiktopf, der eine Nummer größer ist als der alte Topf • Zitruspflanzen- oder Moorbeeterde • Zitrusdünger • Gießkanne oder Krug

1 Wässern Sie Ihre Orangenbäumchen gut. Stellen Sie sie danach ein, zwei Stunden in ein Waschbecken, damit das Wasser ablaufen kann. Dann wird der Boden des neuen Topfs mit einer dünnen Lage Zitruspflanzenerde oder einem Mix aus Moorbeet- und Blumenerde bedeckt.

Topfen Sie Kumquats und andere Orangen im Frühjahr ebenfalls wie hier beschrieben um.

2 Lassen Sie das Bäumchen vorsichtig aus dem alten Topf gleiten und halten Sie es dabei am Stamm fest. Stellen Sie es in das neue Gefäß. Die Oberfläche des Wurzelballens muss sich etwas unterhalb des Topfrands befinden.

3 Eventuell muss man Erde vom Boden des Topfs herausnehmen, bis die richtige Höhe erreicht ist. Füllen Sie seitlich neben den Ballen weitere Erde ein und drücken Sie sie mit den Fingern fest.

4 Nach dem Umtopfen verabreicht man der Pflanze einen Zitruspflanzendünger. Achten Sie dabei auf die korrekte Dosierung – sie ist auf der Packung angegeben.

5 Stellen Sie den Pflanztopf in einen dekorativen Übertopf. Das Bäumchen sollte im Sommer alle paar Tage besprüht werden. Im Winter reicht es, sie einmal in der Woche zu wässern und die Oberfläche des Wurzelballens dazwischen austrocknen zu lassen.

Orangen

Citrus

Orangen sind dank ihrer leuchtenden Früchte und duftenden Blüten beliebte Zimmerpflanzen. Die meisten tragen im Spätwinter und zeitigen Frühjahr – in einer Zeit also, da sonst wenig reif wird.

Kultur

Kauf und Aussaat

Orangenbäume sind das ganze Jahr im Handel. Entdeckt man nach dem Kauf, dass der Wurzelballen verdichtet ist, topft man sie wie auf S. 182–183 beschrieben um.

Licht und Wärme

Orangen brauchen nicht nur viel Sonne, sondern im Winter ähnlich wie in ihrer mediterranen Heimat ein kühles Plätzchen, damit sich überhaupt Früchte bilden. Ein sonniger, aber unbeheizter Raum oder Wintergarten ist in der kalten Jahreszeit ideal. Im Sommer weist man ihnen einen warmen, sonnigen Standort zu und sorgt für gute Durchlüftung.

Wässern

Die Erde sollte feucht, aber nicht staunass sein. Im Winter wird weniger gewässert. Stellen Sie den Topf auf einen wassergefüllten Untersetzer mit Kies – das erhöht die Luftfeuchtigkeit.

Laufende Pflege

Orangen werden im Winter einmal monatlich und im Sommer wöchentlich gedüngt.

Ernte

Man kann die reifen Früchte ein paar Wochen am Baum lassen, bis man sie braucht. Schneiden Sie jede Orange behutsam ab.

Empfehlenswert

Kaufen Sie von Natur aus kleinere Gehölze wie Mandarinen und Kumquats – oder Orangen auf schwachwüchsigen Unterlagen. Selbst sie werden aber mit der Zeit fast 2 m hoch.

◀ ORANGE
(*Citrus sinensis*)
Die klassische Orange. Kaufen Sie ein Exemplar mit schwachwüchsiger Unterlage. Ihre Früchte ähneln denen, die man im Handel bekommt.
Fruchtgröße: etwa 10 cm

MANDARINE ▶
(*Citrus reticulata*)
Die kleinen Bäume tragen leicht schälbare, süße Früchte mit poriger Schale.
Fruchtgröße: etwa 6 cm

◀ KUMQUAT
(*Fortunella japonica* syn. *Citrus japonica*)
Sowohl Fleisch als auch Schale der Früchte sind essbar, die Schale ist sogar süßer als das Fruchtfleisch.
Fruchtgröße: etwa 6 cm

CALAMONDINORANGE ▶
(*Citrus madurensis syn.* × *Citrofortunella microcarpa*)
Eine der am leichtesten drinnen zu kultivierenden Orangen. Selbst junge Pflanzen tragen reichlich kleine, bittere Früchte – ideal für Orangenmarmelade. **Fruchtgröße:** 5–6 cm

Orangen brauchen das ganze Jahr viel Sonne und im Sommer einen gut durchlüfteten Raum.

Die reifen Früchte bleiben wochenlang, ohne zu faulen, an der Pflanze.

Calamondin-orange

Koch-tipps

Süßes und Saures

Orangenschnitze mit Rosenwasser und Honig beträufeln und mit Zimt, Granatapfelsamen, Pistazien und Minzeblättern bestreuen.

Mandarinenschnitze, mit gerösteten Mandeln, Blattsalaten und zerkrümeltem Gorgonzola angemacht, ergeben einen schmackhaften Salat.

Marinierte Riesengarnelen um ganze Kumquats wickeln und am Spieß grillen.

Erfrischend: ein Tropenfruchtsalat aus Orangen-, Grapefruit-, Ananas- und Melonenwürfeln mit dunklen Trauben und Granatapfelsamen.

Frischer Obstsalat

Stellen Sie Ihre Feige auf einen Tisch, Stuhl oder – falls sie dafür zu groß ist – vor eine Terrassentür bzw. ein bodentiefes Fenster, damit sie viel Sonne bekommt.

Level 2
Mittel

Feigenbaum

Feigenbäume sind mit ihren ungewöhnlichen Blättern und ihrer eleganten Form sehr **auffällige Zimmerpflanzen.** Falls man sie auch noch dazu bringen kann, **süße Früchte** zu tragen, haben sie sich ihren **Platz mehr als verdient** (siehe Projekt).

Raum für Feigen

Echte Feigen (*Ficus carica*) wachsen in ihrer Heimat zu stattlichen Sträuchern und Bäumen heran. Stehen ihre Wurzeln dagegen in einem Topf, bleiben sie wesentlich kleiner, wenngleich ältere Topfexemplare noch immer 1,2 m hoch und 1 m breit werden können. Wie Zitruspflanzen brauchen sie es im Sommer warm und sonnig, während sie im Winter in einem unbeheizten Raum stehen sollten, wo sie ihre Blätter abwerfen (und dann auch dunkle Ecken vertragen).

Feigen sind keine Früchte im strengen Sinn, sondern hohle Triebe mit Blüten und Samen darin.

Empfehlenswerte Sorten

Sie können sich aus dem Gartencenter eine Feige besorgen, die im Topf großgezogen wurde und ein paar Fruchtknospen oder sogar schon Früchte trägt. Es gibt sie zur Vasenform erzogen oder als Hochstamm mit runder Krone. Man kann aber auch preiswertere Exemplare kaufen und selbst erziehen (siehe Seite 207).

'Violette de Sollies' trägt Früchte mit duftendem Fleisch.

'Violette de Sollies'
Die großen violetten Früchte dieser Sorte sind voll ausgereift fast schwarz. Ihre ungewöhnlichen Blätter haben einen fein gesägten Rand. Erntezeit ist der Spätsommer und Herbst.

'Brunswick'
Die großen, bis zu 100 g schweren, grünschaligen Früchte der Sorte reifen früh. Sie schmecken aromatisch und kräftig süß.

'Brown Turkey'
Eine beliebte Freilandsorte für milde Klimaregionen, die aber auch drinnen gut wächst und reichlich große braune Früchte mit süßem rotem Fleisch trägt. Wenn sie zu groß wird, stutzt man lange Äste.

Ernten Sie Feigen, sobald sie sich etwas weich anfühlen.

Im Überblick

2-3 Std.

Volle Sonne oder Halbschatten

Frühjahr bis Herbst alle ein bis drei Tage wässern, im Winter wöchentlich

Ab dem Fruchtansatz wöchentlich mit Kalidünger versorgen

Reife Früchte im Spätsommer ernten

Projekt »

Eine Feige für die Wohnung

Die meisten Feigenbäume tragen in unseren Breiten **im September und Oktober.** Um ihre süßen Früchte genießen zu können, braucht man im Lauf des Jahres gar nicht viel zu tun. Für **optimales Wachstum** topft man sie nach und nach in größere Töpfe um. Auch ein Schnitt erhöht ihre **Produktivität.**

Im Frühjahr nimmt man dünne Triebe heraus und lässt nur die dicken, fruchtenden Äste stehen.

SIE BRAUCHEN: • dekorativen Topf mit Abzugslöchern • Untersetzer • Blumenerde mit Tonanteil • feinen Kies • Langzeitdüngergranulat • Seetang-Blattdünger • Gießkanne • ggf. Pflanzenroller • Gartenschere

Lassen Sie zwischen Substratoberfläche und Topfrand 3 cm Platz, um besser wässern zu können.

1 Feigenbäume fruchten am besten, wenn es ihren Wurzeln etwas eng wird. Trotzdem müssen sie jedes Jahr im Frühjahr in einen größeren Topf umgesetzt werden. Das neue Gefäß sollte 5–8 cm breiter und 2–5 cm tiefer sein als das alte.

2 Geben Sie in den neuen Topf eine Lage aus tonhaltigem Substrat mit einer Handvoll Kies. Holen Sie nun die Feige aus ihrem alten Topf und lockern Sie den Wurzelballen vorsichtig. So können die Wurzeln besser in die frische Erde vordringen.

3 Stellen Sie die Pflanze in das neue Gefäß und füllen Sie um den Wurzelballen herum Erde ein. Mischen Sie Langzeitdünger in die oberste Schicht, decken Sie offen liegende Körnchen mit etwas Erde ab, und drücken Sie das Substrat fest.

Im Winter nur noch einmal wöchentlich wässern

4 Stellen Sie den Topf auf einem Untersetzer vor ein sonniges Fenster oder unter ein Oberlicht. Wenn die Feige vom Frühjahr bis zum Herbst kräftig wächst, wird alle paar Tage gewässert. Das Substrat sollte stets feucht, aber nie nass sein.

5 Sechs bis acht Wochen nach dem Pflanzen versorgt man die Feige alle 14 Tage mit Seetang-Blattdünger. Er kräftigt das Laub und schützt vor Schädlingen sowie Krankheiten. Ab dem Fruchtansatz wird mit Kali gedüngt.

6 Drehen Sie die Feige alle ein bis zwei Wochen einmal, falls sie vor einem Fenster steht, damit alle Seiten ausreichend Sonne bekommen. Wenn im Sommer die Temperaturen ganz nach oben klettern und die Früchte erscheinen, sollte täglich gewässert werden.

Mit einem Pflanzenroller lässt sich die Feige besser versetzen.

Schnitt

Im Winter schneidet man abgestorbene und kranke Zweige bis auf gesundes weißes Holz zurück. Auch aus der Reihe tanzende Triebe, die den Gesamteindruck schmälern, werden entfernt. Im späten Frühjahr kürzt man frische Triebe auf vier bis fünf Blätter zurück. Im Oktober werden grüne Feigen, die größer als eine Erbse sind, abgezupft. Kleinere Früchte, die im Spätsommer erschienen sind, lässt man jedoch stehen – sie reifen im folgenden Sommer. Auch was sich im Frühjahr bildet, kann bis zum Herbst noch reifen.

Frühjahrsschnitt
Entfernen Sie im späten Frühjahr die Triebspitzen aller Äste knapp über einem Blattstiel, um den Fruchtansatz zu fördern.

Herbstschnitt
Nach dem Laubfall entfernt man alle unreifen Früchte, ausgenommen die etwa erbsengroßen.

Pfirsiche & Nektarinen

Prunus persica

Weisen Sie diesen Obstgehölzen drinnen einen sonnigen Platz im Sommer und einen kühleren Raum im Winter zu, und sie werden prächtig gedeihen. Pfirsiche und Nektarinen sind sehr eng miteinander verwandt und haben daher dieselben Ansprüche.

Pfirsich 'Bonanza'

Kultur

Kauf und Aussaat

Kaufen Sie im März oder April eine selbstbestäubende Sorte als Ballenware oder wurzelnackt. Sie muss auf eine schwachwüchsige Unterlage veredelt worden sein – wenn Sie nicht sicher sind, fragen Sie nach. Wurzelnackte Bäumchen werden zehn Minuten in Wasser eingeweicht und anschließend gleich in einen mindestens 45 cm breiten Topf mit tonhaltigem Substrat gepflanzt. Das Gefäß muss Abzugslöcher haben und auf einem Untersetzer oder in einem wasserdichten Übertopf stehen. Gedüngt werden muss noch nicht.

Licht und Wärme

Pfirsiche und Nektarinen benötigen vom Frühjahr bis zum Spätherbst viel Licht. Ideal ist ein Platz nah an einem großen Südfenster oder unter einem hellen Oberlicht. Steht das Gehölz neben einem Fenster, dreht man es jede Woche einmal, damit es gleichmäßig wächst. Im Winter stellt man die sommergrünen Pflanzen in einen kühlen, unbeheizten Raum oder auf einen geschützten Balkon. Sie kommen in dieser Zeit mit wenig Licht aus.

Wässern

Das Substrat muss während der Wachstumssaison ständig feucht gehalten werden. Versuchen Sie gleichmäßig häufig und viel zu gießen, denn eine unregelmäßige Zufuhr lässt die Früchte platzen. Im Winter wird weniger gewässert – an einem kühlen Platz reicht auch einmal die Woche.

Laufende Pflege

Wenn Pfirsiche blühen, bestäubt man sie von Hand, indem man alle ein, zwei Tage mit einem kleinen, sauberen Pinsel über jede Blüte streicht. Auch ein Besprühen der Blüten fördert den Fruchtansatz. Düngen Sie die Bäume ab der Blüte alle zwei Wochen mit einem kalireichen Dünger. Wenn die unreifen Früchte haselnussgroß sind, dünnt man sie auf ein Exemplar alle 10 cm aus. Ein weiteres Ausdünnen auf 20–25 cm ist ratsam, sobald sie walnussgroß sind. Sind sie kirschtomatengroß, nimmt man außerdem alle verwachsenen und sichtlich kranken Exemplare heraus. Im Frühjahr wird Langzeitdünger in das Substrat eingearbeitet. Bäume mit verdichtetem Wurzelballen kommen in ein größeres Pflanzgefäß.

Ernte

Ernten Sie Pfirsiche und Nektarinen erst, wenn sie vollreif sind. Dazu nimmt man sie mit der ganzen Hand und hebt sie vorsichtig an, um sie vom Ast zu lösen.

Handbestäubung
Um die Bestäubung durch Insekten zu ersetzen, streicht man mit einem Malpinsel über alle Blüten (S. 207).

Ausdünnen
Prüfen Sie die reifenden Früchte gelegentlich und zupfen Sie kranke Exemplare ab.

Die besten Formen

Ideal sind Zwergsorten oder solche, die auf eine schwachwüchsige Unterlage veredelt wurden. Lassen Sie sich von spezialisierten Baumschulen beraten.

◀ 'AVALON PRIDE'
(*Prunus persica* var. *persica* 'Avalon Pride')
Die selbstbestäubende Sorte trägt hübsche rosa Blüten. Aus ihnen entwickeln sich im Spätsommer und Frühherbst süße, saftige Früchte.
Höhe und Breite: bis 1,8 × 1,2 m

'BONANZA' ▲
(*Prunus persica* var. *persica* 'Bonanza')
Eine selbstbestäubende Zwergsorte, die allerdings normal große Früchte trägt. Sie muss kaum geschnitten werden, da sie von Natur aus klein bleibt.
Höhe und Breite: 70–80 cm

Die Schale von Pfirsichen ist pelzig, die von Nektarinen glatt.

◀ 'LORD NAPIER'
(*Prunus persica* var. *nectarina* 'Lord Napier')
Eine Nektarine mit gelblich rotem und sehr süßem Fleisch. Die Früchte erscheinen im Spätsommer.
Höhe und Breite: 1,8 × 1,2 m

Koch-tipps

Süße Früchtchen

Pfirsichhälften mit Blattsalaten, Prosciutto, Feta und gerösteten Walnüssen zu einem einfachen Sommersalat vermengen.

Gewürfelte Pfirsiche und Schweinefleisch auf Spieße stecken und mit Zitronensaft und Honig beträufelt grillen.

Blätterteigecken mit *Crème pâtissière* und halbierten Pfirsichen im Herd 10–15 Min. zu simplen Obstschnitten backen.

Nektarinenscheiben mit Ricotta, Ziegenkäse, gerösteten Mandeln und Honig obenauf servieren.

Pfirsichscheiben weich backen, mit Honig beträufeln, mit Pistazien bestreuen und braun braten.

Pfirsich- und Nektarinen-Obstschnitten

Ananas-Guaven

Acca sellowiana

Der kleine, immergrüne Strauch öffnet exotische essbare Blüten und ovale grüne Früchte, die auch Feijoas genannt werden. Sie schmecken süß und aromatisch und erinnern etwas an Kiwis. Ananas-Guaven brauchen es fast das ganze Jahr warm.

Blühende Ananas-Guave

Kultur

Kauf und Aussaat

Man bekommt die Pflanzen das ganze Jahr bei spezialisierten Baumschulen. Die Aussicht auf gute Ernte ist allerdings am größten, wenn man im Frühjahr eine bereits blühende Ananas-Guave kauft. Wer in den Genuss der Früchte kommen will, braucht jedoch zwei Exemplare. Man pflanzt sie in Töpfe mit Abzugslöchern und tonhaltigem Substrat, in das etwas Kies eingearbeitet ist. Stellen Sie die Gefäße auf Untersetzer oder in einen wasserdichten Übertopf.

Licht und Wärme

Ananas-Guaven stammen zwar aus Brasilien und brauchen viel Sonne und Wärme, um zu fruchten. Doch im Winter müssen sie einige Wochen kühl stehen. Sie vertragen Temperaturen bis -12 °C und können ihre Ruhephase durchaus an einem geschützten Platz draußen absolvieren.

Wässern

Ananas-Guaven vertragen Trockenheit und leiden, wenn es ihnen zu nass wird. Andererseits brauchen sie gerade während der Blüte und des Fruchtansatzes auch konstant Feuchtigkeit.

Die Blüten werden handbestäubt, indem man alle paar Tage mit einem sauberen Pinsel auf die roten Staubblätter und das Karpell (Fruchtblatt) in der Blütenmitte tupft.

Laufende Pflege

Verabreichen Sie ab der Blüte wöchentlich einen kalireichen Dünger, bis alle Früchte im Spätsommer oder Frühherbst reif sind. Manchmal muss man die Blüten auch von Hand bestäuben, wenn man sicher sein will, dass die Bäumchen Früchte tragen.

Ernte

Reife Früchte fallen vom Ast. Will man verhindern, dass sie sich Blessuren zuziehen, erntet man sie rechtzeitig. Sind sie weich, wenn man sie leicht drückt, kann man sie abzupfen. Die Blüten sind ebenfalls essbar und hübsch zum Garnieren (siehe rechts).

EXOTEN
Ananas-Guaven bereichern geschnitten Obstsalate. Man kann mit ihrem Fruchtfleisch aber auch Smoothies und Fruchtjoghurts verfeinern.

Die Pflanzen öffnen im Frühsommer exotische weiß-rosa Blüten mit fleischigen, essbaren Blütenblättern.

Ananas-Guave

Koch-tipps

Ein Hauch Exotik

Die Blüten schmecken süß und fruchtig. Man kann sie kandiert als Kuchendekoration einsetzen.

Ananas-Guaven, ob mit oder ohne Schale, geben Obstsalat einen exotischen Touch.

Bereiten Sie eine Salsa mit gehackten Ananas-Guaven, Zwiebeln, frischem Koriander, Rohrzucker und frisch gemahlenem schwarzem Pfeffer zu.

Kratzen Sie das Fleisch aus einigen Ananas-Guaven und pürieren Sie es mit Erdbeeren, Äpfeln und Apfelsaft im Mixer zu einem köstlichen Smoothie.

Obst-Smoothie

Kapstachelbeeren

Physalis peruviana

Die samtigen Blätter und süßen Beeren in vanillepuddinggelben »Laternen« machen Kapstachelbeeren zu etwas ganz Besonderem. Sie sind pflegeleicht und gedeihen in einem warmen, sonnigen Zimmer.

Kultur

Kauf und Aussaat

Kapstachelbeeren brauchen eine lange Saison, um zu fruchten. Wenn man sie aus Samen zieht, sät man sie im Spätwinter in Töpfe mit Saaterde und bedeckt sie dünn mit Vermiculit (S. 204). Man kann aber auch Pflänzchen aus dem Fachhandel kaufen und in tonhaltiges Substrat umsetzen.

Licht und Wärme

Kapstachelbeeren brauchen zum Keimen eine Temperatur zwischen 18 und 21 °C. Die Keimlinge und später auch die größeren Pflanzen kommen an einen sonnigen Platz, etwa vor einem Südfenster. Ältere Exemplare vertragen nachts gerade noch eine Mindesttemperatur von etwa 15 °C.

Wässern

Die Exoten brauchen viel Feuchtigkeit und müssen daher täglich gewässert werden, um nicht zu welken, vor allem nach der Blüte. Sie dürfen aber nie im Wasser stehen, weshalb man für einen guten Wasserabzug sorgen muss.

Laufende Pflege

Nach und nach kommen die Pflanzen in immer größere Töpfe. Alle zwei Wochen düngt man ab der Blüte mit einem kalireichen Dünger. Oft brauchen die Triebe eine Stütze. Überwintert werden Kapstachelbeeren in einem kühlen Raum.

Ernte

Schneiden Sie die Laternen – die Fruchthüllen – im Herbst ab, wenn sie trocken und hellbraun geworden sind und die Früchte im Innern goldorange leuchten. Man kann die Beeren in ihren Hüllen bis zu einen Monat bei Zimmertemperatur lagern.

BLÜTEN

Die hübschen Blüten mit ihren kastanienbraunen Malen um die Mitte müssen nicht von Hand bestäubt werden. Man verbessert jedoch den Fruchtansatz, wenn man sie alle paar Tage mit Wasser besprüht.

Reife Beeren

WUNDERFRUCHT

Nach der Blüte entwickeln sich winzige grüne Hüllen. Sie werden später gelb und papierartig trocken – ein Zeichen, dass die Beeren in ihnen reif sind.

Die zartgelben Laternen sehen fast wie Weihnachtsbaumkugeln aus, wenn sie zum Saisonausklang erscheinen.

◀ LATERNEN
Für die Zimmerkultur wählt man am besten kleine Züchtungen wie 'Little Lanterns', die nur etwa 90 cm hoch wird.

Wässern Sie täglich, damit die Pflanze nicht welkt und Blüten sowie Laternen abwirft.

Koch-tipps

Beerenstark

Kapstachelbeeren und Erdbeeren in zerlassene Schokolade tauchen, abkühlen lassen und als Dessert-Snack servieren.
Einige Beeren mit Apfelstückchen auf Streuselkuchen geben.
Kapstachelbeeren mit Honig und Wasser cremig pürieren, abseihen, dann in Eiswürfelschalen einfrieren. Die Würfel in hohe Gläser mit Kokosmilch geben.
Halbierte Kapstachelbeeren mit Gurkenstückchen, gehacktem Koriander, Mais und geröstetem Sesam ergeben einen leckeren Salat.

Kapstachelbeeren und Erdbeeren im Schokomantel

Expertentipps

In diesem Kapitel finden Sie Tipps zum Wässern, Düngen und Schneiden. Wenn Sie sie beachten, bleibt Ihr Indoor-Obst und -Gemüse gesund und ertragreich. Außerdem erfahren Sie, wie Sie die Ernte haltbar machen.

Planung des Indoor-Gartenjahres

Erntesymbole

- ❀ Blüten ernten
- ♂ Früchte ernten
- 🍃 Blätter ernten
- ⁂ Triebe ernten
- ⚘ Wurzeln/ Knollen ernten

Mit dieser Liste können Sie Ihren **Indoor-Garten** so planen, dass er Sie lückenlos mit **Essbarem** versorgt. Sie erfahren, was Sie wann aussäen und pflanzen müssen und wann **mit der Ernte** zu rechnen ist. Obwohl die meisten Pflanzen von Frühjahr bis Herbst wachsen, kann man auch im Winter noch frische **Salatblätter, Sprossen und Früchte** wie z. B. Zitronen ernten, wenn die Tage kurz und die Temperaturen niedrig sind.

ERSTE FRÜHJAHRSHÄLFTE

Säen/Antreiben

Auberginen
Basilikum
Blattsalate
Chilis
Frühlingszwiebeln
Gurken
Keimlingsgemüse
Knoblauchsprossen
Minigurken
Mizuna/Mibuna
Möhren
Pak Choi
Paprika
Petersilie
Rettiche
Ringelblumen
Rote Bete
Schnittlauch
Sprossen
Tomaten
Veilchen

Einpflanzen

Ananas-Guaven
Blattsalate
Calamondinorangen
Dendrobien
Erdbeeren
Feigen
Frühlingszwiebeln
Gänseblümchen
Kapstachelbeeren
Kumquats
Lavendel
Minze
Mizuna/Mibuna
Orange
Pak Choi
Petersilie
Pfirsiche/Nektarinen
Primeln
Rettiche
Rosmarin
Salbei
Schnittlauch
Thymian
Veilchen
Zitronen/Limetten

Ernten

Blattsalate 🍃
Calamondinorangen ♂
Dendrobien ❀
Gänseblümchen ❀
Keimlingsgemüse 🍃
Kumquats ♂
Minze 🍃
Mizuna/Mibuna 🍃
Orange ♂
Pak Choi 🍃
Petersilie 🍃
Pilze
Primeln ❀
Rosmarin 🍃
Salbei 🍃
Schnittlauch 🍃
Sprossen ⁂
Thymian 🍃
Veilchen ❀
Zitronen/ Limetten ♂

SPÄTES FRÜHJAHR

Säen/Antreiben

Basilikum
Blattsalate
Frühlingszwiebeln
Gurken
Kapuzinerkresse
Keimlingsgemüse
Knoblauchsprossen
Minigurken
Mizuna/Mibuna
Möhren
Pak Choi
Petersilie
Rettiche
Ringelblumen
Rote Bete
Schnittlauch
Sprossen
Tomaten

Einpflanzen

Ananas-Guaven
Auberginen
Basilikum
Blattsalate
Calamondinorangen
Chilis
Dendrobien
Erdbeeren
Feigen
Frühlingszwiebeln
Gurken
Gänseblümchen
Kapstachelbeeren
Kapuzinerkresse
Kumquats
Lavendel
Minigurken
Minze
Mizuna/Mibuna
Möhren
Orangen
Pak Choi
Paprika
Petersilie
Pfirsiche/Nektarinen
Primeln
Rettiche
Ringelblumen
Rosmarin
Rote Bete
Salbei
Schnittlauch
Stevia
Thymian
Tomaten
Veilchen
Zitronen/Limetten
Zitronenstrauch

Ernten

Calamondinorangen ♂
Dendrobien ❀
Gänseblümchen ❀
Keimlingsgemüse 🍃
Knoblauchsprossen 🍃
Kumquats ♂
Minze 🍃
Orange ♂
Petersilie 🍃
Pilze
Primeln ❀
Rosmarin 🍃
Salbei 🍃
Schnittlauch 🍃
Sprossen ⁂
Stevia 🍃
Thymian 🍃
Veilchen ❀
Zitronen/Limetten ♂
Zitronenstrauch 🍃

FRÜHSOMMER

Säen/Antreiben

Basilikum
Blattsalate
Frühlingszwiebeln
Keimlingsgemüse
Knoblauchsprossen
Mizuna/Mibuna
Möhren
Pak Choi
Petersilie
Ringelblumen
Rettiche
Schnittlauch
Sprossen

Einpflanzen

Ananas-Guaven
Auberginen
Basilikum
Blattsalate
Calamondinorangen
Chilis
Dendrobien
Erdbeeren
Feigen
Frühlingszwiebeln
Gurken
Kapstachelbeeren
Kapuzinerkresse
Kumquats
Lavendel
Minigurken
Minze
Mizuna/Mibuna
Möhren
Orangen
Pak Choi
Paprika
Petersilie
Pfirsiche/Nektarinen
Rettiche
Ringelblumen
Rosmarin
Rote Bete
Salbei
Schnittlauch
Stevia
Thymian
Tomaten
Veilchen
Zitronen/Limetten
Zitronenstrauch

Ernten

Basilikum
Blattsalate
Dendrobien
Erdbeeren
Frühlingszwiebeln
Kapuzinerkresse
Keimlingsgemüse
Knoblauchsprossen
Minze
Mizuna/Mibuna
Möhren
Pak Choi
Petersilie
Pilze
Rettiche
Rosmarin
Salbei
Schnittlauch
Sprossen
Stevia
Thymian
Veilchen
Zitronenstrauch

HOCH- UND SPÄTSOMMER

Säen/Antreiben

Blattsalate
Keimlingsgemüse
Knoblauchsprossen
Pak Choi
Rettiche
Sprossen

Einpflanzen

Basilikum
Calamondinorangen
Schnittlauch
Kumquats
Lavendel
Zitronen/Limetten
Zitronenstrauch
Blattsalate
Minze
Mizuna/Mibuna
Kapuzinerkresse
Orangen
Petersilie
Pfirsiche/Nektarinen
Ananas-Guaven
Ringelblumen
Rettiche
Rosmarin
Salbei
Frühlingszwiebeln
Stevia
Thymian

Ernten

Ananas-Guaven
Auberginen
Basilikum
Blattsalate
Chilis
Erdbeeren
Feigen
Frühlingszwiebeln
Gurken
Kapstachelbeeren
Kapuzinerkresse
Keimlingsgemüse
Knoblauchsprossen
Lavendel
Minigurken
Minze
Mizuna/Mibuna
Möhren
Pak Choi
Paprika
Petersilie
Pfirsiche/Nektarinen
Pilze
Rettiche
Ringelblumen
Rosmarin
Rote Bete
Salbei
Schnittlauch
Sprossen
Stevia
Thymian
Tomaten
Veilchen
Zitronenstrauch

HERBST

Säen/Antreiben

Blattsalate
Keimlingsgemüse
Knoblauchsprossen
Mizuna/Mibuna
Pak Choi
Sprossen
Veilchen

Einpflanzen

Ananas-Guaven
Calamondinorangen
Kumquats
Lavendel
Orangen
Pfirsiche/Nektarinen
Rosmarin
Salbei
Stevia
Thymian
Zitronen/Limetten

Ernten

Ananas-Guaven
Auberginen
Basilikum
Blattsalate
Chilis
Gurken
Kapstachelbeeren
Kapuzinerkresse
Keimlingsgemüse
Knoblauchsprossen
Minigurken
Minze
Mizuna/Mibuna
Möhren
Pak Choi
Paprika
Petersilie
Pilze
Rettiche
Rosmarin
Rote Bete
Salbei
Schnittlauch
Sprossen
Stevia
Thymian
Tomaten
Veilchen
Zitronenstrauch

WINTER

Säen/Antreiben

Blattsalate
Kapstachelbeeren
Keimlingsgemüse
Mizuna/Mibuna
Pak Choi
Sprossen
Veilchen

Einpflanzen

Ananas-Guaven
Calamondinorangen
Kumquats
Orangen
Pfirsiche/Nektarinen
Rosmarin
Salbei
Thymian
Zitronen/Limetten

Ernten

Blattsalate
Calamondinorangen
Keimlingsgemüse
Kumquats
Mizuna/Mibuna
Orangen
Pak Choi
Pilze
Sprossen
Veilchen
Zitronen/Limetten

Substrate

Die Auswahl an Pflanzerden im Handel ist riesig – in diesem Angbot das richtige Substrat zu finden kann eine wahre Herausforderung sein. Auf dieser Seite erfahren Sie, welche **Pflanzen** in welcher handelsüblichen **Erde** am besten gedeihen.

Pflanzerden in Säcken wurden sterilisiert, um Unkrautsamen und Schädlinge abzutöten.

Blumenerde

Blumenerde, auch Universalerde genannt, ist leichte Erde mit oder ohne Torf. Man kann auch Bioware kaufen, die anstelle von Torf verschiedene Pflanzenmaterialien enthält. Dazu gehören in der Regel natürliche organische Reste wie Kokosfasern, Rinde und kompostierte Holzfasern. Oft sind Blumenerden vorgedüngt und versorgen die Pflanzen in den ersten Wochen nach dem Setzen ausreichend mit Nährstoffen.

Ideal für: einjährige Pflanzen, die nicht länger als ein Jahr kultiviert werden; Blumenampeln

Saaterde

Sie ist auch als Stecklings- oder Anzuchterde im Handel zu finden. Wie der Name sagt, wird sie am besten für Aussaaten verwendet. Sie ist feiner als andere Erden, sodass auch kleine Samen Kontakt mit dem Material haben, was die Keimung fördert. Saaterde ist stark durchlässig, aber arm an Nährstoffen (für ältere Pflanzen ist sie daher nicht geeignet). Die meisten Saaterden enthalten eine Mischung aus Torf, toniger Erde, Kies und Sand.

Ideal für: Aussaaten in Töpfen und Schalen; Stecklinge und Sämlinge

Tonhaltiges Substrat

Tonhaltiges Substrat, je nach Hersteller auch TKS 2 oder Einheitserde vom Typ T genannt, ist ein Substrat mit einem Anteil sterilisierter Tonerde. Sie eignet sich für größere Pflanzen wie Obstgehölze, die ein paar Jahre lang in ihren Töpfen bleiben. Beim Transport von Säcken mit tonhaltigem Substrat ist Vorsicht geboten, denn es enthält Kies und Sand und ist daher recht schwer. Viele tonhaltige Erden sind vorgedüngt.

Ideal für: mehrjährige Pflanzen wie Obstgehölze, die jahrelang in ein und demselben Topf bleiben

Manche Erden sind speziell für Gemüse oder bestimmte Pflanzentypen wie Zitrusgewächse gedacht.

Moorbeeterde

Dieser Substrattyp, oft auch als Rhododendrenerde im Handel, ähnelt Blumenerde, ist jedoch für Pflanzen wie Orangen, Zitronen und Limetten gedacht, die saures Substrat brauchen. Er wurde speziell für sie zusammengestellt und enthält alle notwendigen Nährstoffe. Man mischt ihn am besten mit einem tonhaltigen Substrat für Gehölze (links). Sobald die zugesetzten Nährstoffe verbraucht sind, muss gedüngt werden.

Ideal für: Zitronen, Limetten, Kumquats, Calamondinorangen und andere Orangen

Verschiedene Materialien

Im Handel sind allerlei Zusatzstoffe erhältlich, die dazu beitragen, dass Pflanzen besser gedeihen. Dazu gehören dekorative Mulchmaterialien, die man auf die Substratoberfläche gibt, damit sie die Verdunstung von Wasser verringern. Sand und Kies wiederum verbessern die Durchlässigkeit von Erde.

Mulch ▶

Dieses Material kommt als Schicht auf die Oberfläche des Wurzelballens. Sie verhindert, dass die Erde zu rasch austrocknet. Mulch kann aus organischen Materialien wie Holzschnipseln und Komposterde oder aus Zuschlagstoffen wie Kies, Muschelschalen, Glassplittern und anderen Recyclingprodukten bestehen.

Manche Mulchmaterialien haben auch Dekorwert.

◀ Vermiculit und Perlit

Vermiculit ist ein Mineral, das erhitzt wurde, sodass poröse, leichte Körner entstehen. Perlit besteht aus Vulkangestein und bildet ebenfalls weißgraue, Wasser absorbierende Körner. Beide binden Feuchtigkeit und geben sie langsam wieder ab. Man mischt sie in Erden oder verwendet sie zum Abdecken von Saaten: Sie halten Samen feucht und lassen trotzdem Licht durch.

Perlit speichert wie Vermiculit Wasser und gibt es wieder in das Substrat ab.

Kies ▶

Gibt man eine Schicht Kies auf den Boden eines wasserdichten Übertopfs, schafft man eine Art Reservoir, in das überschüssiges Wasser ablaufen kann, sodass keine Staunässe entsteht. Zudem kann man Kies in das Substrat einarbeiten, um dessen Durchlässigkeit zu verbessern, was besonders bei Kräutern aus dem Mittelmeerraum wichtig ist.

Diese Zuschlagstoffe sind vorgewaschen und können für Indoor-Projekte verwendet werden.

Wässern und Düngen von Indoor-Nutzpflanzen

Gesunde Pflanzen tragen am besten. Es lohnt sich also, sie gut zu **wässern und zu düngen.** Entscheidend dabei ist allerdings die **optimale Dosis.** Hier sind einige Strategien, mit denen Sie Ihren Nutzpflanzen genau **das geben,** was sie brauchen.

Richtig wässern

Jede Nutzpflanze benötigt eine bestimmte Dosis Wasser, um einen guten Ertrag an Blättern, Früchten oder Blüten zu liefern. Beim Indoor-Gärtnern geht es darum, sie mit möglichst viel Wasser zu versorgen, ohne Staunässe zu verursachen, die Triebe und Wurzeln faulen lässt und Pilzkrankheiten Vorschub leistet. Setzen Sie Ihre Gewächse daher in Töpfe mit Abzugslöchern (oder einem integrierten Dränagesystem, siehe unten) oder stellen Sie sie in wasserdichte Übertöpfe bzw. auf Untersetzer. Wie feucht der Wurzelballen ist, testet man am besten, indem man den Finger etwa 2 cm tief in die Erde steckt. Fühlt sie sich trocken an, wässert man. Ist die Oberfläche nass und glänzend, deutet das auf Staunässe hin. In diesem Fall wird überschüssige Flüssigkeit abgegossen und das Substrat ein paar Tage lang nicht gewässert, bis es wieder trocken ist.

Wässern von unten
Wer vermeiden will, dass er eine Pflanze ertränkt oder den Boden ruiniert, füllt einfach den Untersetzer mit Wasser. Die Erde saugt die Feuchtigkeit von selbst durch die Abzugslöcher nach oben zu den Wurzeln.

Keine Staunässe
Manche Übertöpfe haben innen einen Sockel, auf den man den Pflanztopf stellt. So kann Wasser aus dem Substrat ablaufen.

Nein zu Pilzbefall
Wässern Sie nur die Erde, nicht jedoch die Blätter, Blüten und Früchte, sonst drohen Grauschimmel und Falscher Mehltau (siehe S. 209).

Wässern mit Brause
Gießen Sie mit einem Brauseaufsatz auf der Gießkanne, wenn Sie Sämlinge und Setzlinge wässern. Ein zu starker Schwall schwemmt alles weg.

Düngen mit Bedacht

Nutzpflanzen brauchen Nährstoffe, um gesund zu bleiben. Die wichtigsten sind Stickstoff (N), Kalium (K) und Phosphor (P). Sie sorgen dafür, dass die einzelnen Pflanzenteile ausreichend versorgt werden und wachsen. Stickstoff fördert das Blattwachstum, Kalium die Blüte und den Fruchtansatz und Phosphor die Bildung kräftiger Wurzeln. Die meisten Volldünger enthalten eine ausgewogene Mischung dieser wesentlichen Nährstoffe, außerdem einige wichtige Spurenelemente. Spezialpräparate wie Grünpflanzen- und Obstdünger dagegen sind anders gewichtet und enthalten höhere Anteile von Stickstoff oder Kalium.

Überdüngen richtet mehr Schäden an als eine Unterversorgung. Für Bio-Nutzpflanzen gibt es entsprechende Bio-Dünger.

Verdünnung
Dünger in Flüssig- oder Pulverform müssen verdünnt werden, bevor man sie ausbringt. Lesen Sie die Gebrauchsanleitung und verabreichen Sie den Pflanzen keinesfalls eine höhere Dosis als angegeben.

Düngen langlebiger Pflanzen

Vor dem Ein- oder Umtopfen kann man Langzeitdünger in das Substrat einarbeiten. Er enthält alle wichtigen Nährstoffe für ein gesundes Wachstum und kann auch für langlebige Nutzpflanzen wie Obstbäume verwendet werden. Bei älteren Exemplaren, die nicht umgetopft werden, entfernt man jedes Frühjahr die oberste Substratschicht und ersetzt sie durch frische Erde, in die etwas Langzeitdünger eingearbeitet wurde.

Düngen von Obstbäumen
Feigen, Pfirsiche und andere Obstgehölze hält ein Langzeitvolldünger das ganze Jahr über gesund. Arbeiten Sie das Granulat wie auf der Packung empfohlen im zeitigen Frühjahr in das Substrat ein.

Hydrokultur

Viele Nutzpflanzen werden heutzutage ohne Erde angebaut. Bei dieser Methode, die bei Zimmerpflanzen Hydrokultur und im Erwerbsanbau Hydroponik genannt wird, stehen die Pflanzen direkt im Wasser. Statt Erde haben sie als Wuchsmedium Materialien wie Kokosfasern und Blähton, die den Wurzeln Halt geben. Bei den meisten Hydrokultursystemen sollte man den Nährstoffbedarf der jeweils kultivierten Gewächse kennen, um ein gutes Wachstum zu erreichen. (Nährstoffe sind von Natur aus in der Erde enthalten und werden vielen Substraten zugesetzt.) Oft sind auch Pflanzenleuchten im Spiel.

Für Einsteiger gibt es komplette Hydrokultursets zu kaufen, die alles enthalten, was man braucht: ein Medium, Saatgut, Behälter, Nährstoffpräparate und Pflanzenleuchten. Später kann man mit ausgeklügelteren Systemen experimentieren.

Blattsalate in einer Hydrokultureinheit

Aussaat

Das Angebot an **Nutzpflanzensamen** ist wesentlich größer als das von **Setzlingen.** Es lohnt sich also, ein bisschen mit Saaten zu experimentieren. Viele Gewächse wie **Blattsalate, Gurken** und **Tomaten** keimen rasch, sodass man im Nu erste Ergebnisse sieht.

Nehmen Sie Abdeckungen ab, sobald die Samen keimen. So verhindert man die Umfallkrankheit, die Keimlingen den Garaus macht.

SIE BRAUCHEN:

- Saatschalen mit Plastikdeckel
- Saaterde
- Vermiculit
- wasserdichten Untersetzer
- Pflanzenetiketten
- Gießkanne mit Brauseaufsatz
- Blumenerde
- kleine und große Plastiktöpfe

1 Wählen Sie mehrere Arten von Saatgut aus, um später je einen Satz pro Schale auszusäen (Arten nicht mischen!). Stellen Sie die Schalen in einen wasserdichten Untersetzer und füllen Sie sie mit Saaterde.

2 Legen Sie eine saubere Schale auf das Substrat und drücken Sie es damit leicht fest, sodass eine ebene Oberfläche entsteht. Am Rand kann man die Erde mit den Fingern andrücken.

3 Wässern Sie das Substrat mit einer Gießkanne mit Brause an, sodass nur die Oberfläche leicht feucht ist. Öffnen Sie das Samenpäckchen und säen Sie die Samen dünn und gleichmäßig in Reihen aus.

Eine Deckschicht aus Vermiculit ist ideal für Saatgut, das Licht zum Keimen braucht.

4 Lesen Sie auf der Packung, welche Aussaattiefe angegeben ist. Nun werden die Samen entweder mit etwas Substrat oder einer Lage Vermiculit abgedeckt. Vermiculit hält sie feucht und lässt gleichzeitig Licht durch. Beschriften Sie jede Schale.

Halten Sie die Keimlinge an ihren kleinen Keimblättern, die vor den eigentlichen Blättern erscheinen.

5 Decken Sie die Schale ab und stellen Sie sie auf eine sonnige Fensterbank. (Manche Samen keimen in einem Anzuchtkasten schneller.) Wässern Sie regelmäßig in den wasserdichten Untersetzer – die Erde saugt die Flüssigkeit von selbst auf. Falls die Oberfläche nass glänzt, muss überschüssiges Wasser abgegossen werden.

6 Halten Sie die Saat ständig feucht, aber nie nass. Wenn die ersten Keimlinge erscheinen, nimmt man den Plastikdeckel ab, damit sich keine Pilzkrankheiten ausbreiten. Sobald die Pflänzchen ein paar Blattpaare haben, setzt man sie in kleine Töpfe mit Saat- oder Blumenerde um. Dazu hebt man sie mit einer Gabel aus der Schale.

7 Mizuna-Setzlinge (oben) können eng beieinanderstehend eingetopft werden. Setzen Sie drei bis vier Exemplare in einen 9-cm-Topf und drücken Sie das Substrat vorsichtig fest. Sie werden so gepflanzt, dass der Ansatz mit Erde bedeckt ist.

8 Wässern Sie die Pflänzchen gut und lassen Sie sie ein paar Wochen lang an einem hellen Standort wachsen, bis sie geerntet werden können. Sollen sie noch weiterwachsen, topft man sie in größere Gefäße um.

Direktaussaat

Man kann Samen auch direkt in 9-cm-Plastiktöpfe mit Saaterde setzen – es erspart einem das Vereinzeln. Sinnvoll ist diese Methode ferner, wenn Pflanzen große Samenkörner haben, wie etwa Gurken, oder wenn man nur wenige Exemplare braucht, z. B. bei Paprika und Tomaten.

Aussaat
Säen Sie einen bis drei Samen pro Topf und decken Sie sie gemäß den Angaben auf dem Samenpäckchen mit Erde oder Vermiculit ab.

Umsetzen
Keimt mehr als ein Samen, siedelt man die übrigen in einen eigenen Topf mit Blumenerde um (Schritt 6–7, links). Später bekommen sie einen noch größeren Topf.

Schnitt, Erziehung und Bestäubung

Das Abzwicken von Triebspitzen regt zur Bildung von Seitentrieben an. Das Ergebnis ist eine buschigere, ertragreichere Pflanze.

Damit Obstbäume **immer gut tragen,** muss man sie gelegentlich **schneiden** oder alte Triebe herausnehmen. Beachten Sie die folgenden Tipps, dann kann bei **Schnitt und Erziehung** nichts schiefgehen.

Warum schneiden?

Es gibt mehrere gute Gründe, an Gehölzen wie z. B. Obstbäumen die Schere anzusetzen. Zum einen müssen abgestorbene und kranke Triebe so bald wie möglich herausgenommen werden. Zum anderen verjüngt man durch einen Schnitt die Pflanze und regt sie zur Bildung neuer Triebe an. Zwickt man die Spitze des Haupttriebs ab, bilden sich mehr Seitentriebe und die Pflanze wird buschiger, was bei Obstbäumen außerdem den Ertrag an Früchten erhöht. Zu guter Letzt kann man schneiden, um zu dichten Wuchs auszulichten, die Form zu verbessern und sicherzustellen, dass genug Licht auf unreife Früchte fällt.

Triebe entfernen
Lange Triebe von Obstgehölzen wie Kaffernlimetten werden herausgenommen, damit eine ausgewogene Struktur entsteht und die Pflanze zur Bildung von Fruchttrieben angeregt wird.

Wie schneiden?

Verwenden Sie eine scharf geschliffene Gartenschere und setzen Sie einen sauberen Schnitt oberhalb einer Blatt- oder Triebknospe, einer Blattachsel oder einer Gabelung zwischen Haupt- und Seitentrieb an. Man kann auch ganze Stämme bis zum Ansatz herausnehmen. Mit einer Astsäge oder -schere kappt man Triebe, die dicker als ein Bleistift sind. Tragen Sie beim Umgang mit diesem Werkzeug am besten Lederhandschuhe. Detaillierte Schnittanleitungen für spezielle Pflanzen finden Sie in Kapitel 5.

Gesunde Pflanzen
Entfernen Sie alte, kranke Triebe, die die Pflanze krank machen, sowie aus der Reihe tanzende Triebe, die ihren schönen Wuchs verderben.

Erziehung

Manche Obstbäume, etwa Feigen, können zu vasenähnlichen Formen erzogen werden. Das sieht gut aus und fördert auch die Fruchtbildung, da jeder Trieb in etwa gleich viel Platz hat und dadurch mehr Licht zu den Zweigen dringt. Bäume werden am besten jung erzogen, solange die Triebe noch biegsam sind. Beim Austrieb im Frühjahr entfernt man alle Äste, die sich überkreuzen oder die Form stören sowie alle Wildtriebe an der Basis. Binden Sie eine Schnur an einen jungen Trieb am äußeren Rand einer Pflanze und wickeln Sie das andere Ende um einen großen Kiesel. Er zieht den Trieb allmählich nach unten, sodass eine Vasenform entsteht. Lassen Sie den Stein ein, zwei Jahre am Trieb, bis sich das Holz gehärtet hat. Wenn Sie ihn dann entfernen, sollte der Trieb in dieser Position bleiben. Schneiden Sie die Pflanze weiter wie auf S. 189 beschrieben.

Die Schnur darf nicht in das Holz schneiden.

Erziehung zu waagrechten Ästen
Binden Sie die äußeren Äste einer Feige im Frühjahr mit einer Schnur so an Steine, dass sie horizontal stehen und eine Vasenform entsteht.

Bestäubung

Für die Fruchtbildung sind die Blüten entscheidend. Die meisten tragen in sich die Voraussetzungen zur Bildung einer Frucht oder eines Samenstands, viele müssen dazu aber erst bestäubt werden. Mit den unten beschriebenen Methoden verbessert man die Bestäubung. Manche Pflanzen, etwa Kapstachelbeeren und Feigen, sind selbstbestäubend, d. h. dass der Pollen einer Blüte ohne menschliches Zutun zur Narbe (dem weiblichen Organ) derselben Blüte gelangt.

Nach der Bestäubung entwickeln sich Blüten zu Früchten.

Minigurkenblüte mit winziger Frucht

Bepinseln

Bei folgenden Pflanzen müssen die Pollen von einer Blüte zur Narbe einer anderen Blüte gebracht werden. Draußen erledigen diese Arbeit Insekten, drinnen müssen Sie Hand anlegen.

- **Zitrusfrüchte**
- **Erdbeeren**
- **Ananas-Guaven**
- **Mexikanische Minigurken**
- **Gurken**
- **Auberginen**
- **Pfirsiche**
- **Nektarinen**

Mit einem sauberen, weichen Malpinsel fährt man nacheinander über jede Blüte. Wenn man diese Prozedur alle ein, zwei Tage durchführt, erreicht man eine Bestäubung aller Blüten.

Zitronen und andere Zitrusfrüchte müssen von Hand bestäubt werden.

Bepinseln einer Zitrusblüte

Schütteln und Besprühen

Sogar bei selbstbestäubenden Pflanzen kann man den Fruchtansatz noch verbessern, indem man die Triebe vorsichtig schüttelt, um die Pollen zu verteilen. Auch das Besprühen der Blüten mit Wasser einige Male pro Woche hilft. Die folgenden Pflanzen profitieren davon:

- **Kapstachelbeeren**
- **Tomaten**
- **Gemüsepaprika und Chilis**

Besprühen einer Paprikablüte

Häufige Probleme

Zu den großen **Vorteilen** der Indoor-Kultur gehört es, dass man seine Pflanzen drinnen besser vor **Schädlingen** und **Krankheiten** schützen kann. Hundertprozentig sicher sind sie allerdings auch dort nicht. Seien Sie deshalb **auf der Hut.**

Insekten, die Schädlinge vertilgen (biologische Bekämpfung), sind im Garten von Nutzen. In einer Wohnung aber können sie lästig werden.

Pflanzen schützen

Wenn Nutzpflanzen gesund sind, laufen sie weniger Gefahr, Schädlingen und Krankheiten zum Opfer zu fallen. Man kann das Risiko senken, indem man alle Töpfe vor dem Bepflanzen mit Haushaltsreiniger und heißem Wasser wäscht und für jedes Projekt frische Erde verwendet. Kaufen Sie kleine Säcke Pflanzerde, dann liegen sie nicht zu lange herum. Wichtig ist gutes Wässern und Düngen, aber zu viel von allem tut keiner Pflanze gut.

Regelmäßig wässern
Vernachlässigen Sie das Gießen nicht. Nur mit ausreichend Wasser bleiben Pflanzen gesund und gewappnet gegen Krankheiten.

Mangelkrankheiten und Störungen

Nicht alle Probleme sind auf Schädlinge und Krankheiten zurückzuführen. Welkende Pflanzenteile z. B. können durch Wassermangel entstehen. Ebenso schlecht ist Nährstoffmangel. Die Ursachen lassen sich zum Glück leicht beheben.

Tomaten mit Blütenendfäule

BLÜTENENDFÄULE
Sie kommt bei Tomaten vor, die an Calciummangel leiden und zu wenig gewässert werden, denn bei Wasserknappheit kann Calcium von den Wurzeln nicht aufgenommen werden. Entfernen Sie geschädigte Früchte und wässern Sie.

NÄHRSTOFFMANGEL
Blasse und zwischen den Adern gelbe Blätter deuten oft auf einen Eisen- oder Stickstoffmangel hin. Versorgen Sie die Pflanzen mit einem Grünpflanzen- oder, im Falle von Zitrusgewächsen, mit Zitrusdünger. Dann sollte sich das Problem bald von selbst erledigen.

PLATZENDE FRÜCHTE
Tomaten und Paprika platzen leicht auf, wenn man sie nicht regel- und gleichmäßig wässert. Sie können allerdings trotz der Risse noch gegessen werden. Versuchen Sie die Erde dauerhaft feucht zu halten. Zu viel Wasser ist genauso schädlich wie zu wenig.

Schädlinge und Krankheiten erkennen

Sie möchten auf Pestizide und andere Chemikalien verzichten? Dann müssen Sie Ihre Pflanzen regelmäßig auf Anzeichen von Schädlings- und Krankheitsbefall untersuchen. Meist bekommt man das Problem in einem frühen Stadium viel leichter in den Griff.

Ein pelziger Pilzrasen deutet auf Grauschimmelbefall hin.

GRAUSCHIMMEL
Die häufige Krankheit ist oft bei hoher Luftfeuchtigkeit an Beeren und Gemüse zu beobachten. Es bildet sich ein pelziger Pilzteppich auf Knospen, Blättern, Blüten und Früchten. Abgestorbene oder welke Blätter, Blüten und Früchte müssen sofort entfernt werden. Verbessern Sie die Luftzirkulation durch Öffnen von Fenstern oder mit einem Lüfter. Auch zu dichter Wuchs fördert einen Befall.

SCHMIERLÄUSE
Die saftsaugenden Insekten befallen Nutzpflanzen wie Zitrus- und Pfirsichbäume und beeinträchtigen deren Wüchsigkeit. Man erkennt winzige flache Läuse, die ein wolliges weißes Wachs und eine klebrige Substanz absondern, auf denen sich wiederum Schwärzepilze ansiedeln. Befallene Teile werden entfernt. Biologische Bekämpfung ist möglich, in Wohnungen aber oft nicht angemessen.

FALSCHER MEHLTAU
Blattsalate und manche Blüten können von dieser Pilzkrankheit befallen werden. Auf der Unterseite der Blätter bildet sich weißer, grauer oder violetter Schimmel. Die Krankheit wird über die Luft übertragen und befällt vor allem Pflanzen in nasser Erde. Entfernen und entsorgen Sie geschädigte Teile, meiden Sie Staunässe, wässern Sie nicht auf die Blätter und verbessern Sie die Luftzirkulation.

WEISSE FLIEGEN
Die Sauginsekten schwächen viele Nutzpflanzen. Sie sondern eine klebrige Substanz (»Honigtau«) ab, auf der sich wiederum Schwärzepilze bilden können. Hängen Sie Gelbfallen in die Pflanze, um die Tiere zu fangen oder setzen sie biologische Mittel zur Bekämpfung ein. Sie können befallene Pflanzen auch nach draußen stellen, wo eventuell Nützlinge die Fliegen dezimieren.

Dickmaulrüssler müssen entfernt werden.

DICKMAULRÜSSLER
Sie werden oft als Jungtiere eingeschleppt. Den größten Schaden aber verursachen die Larven: Sie fressen die Wurzeln an, sodass die Pflanzen plötzlich umfallen. Prüfen Sie Neuerwerbungen gründlich und sammeln Sie die langsamen, 9 mm langen Käfer ab. Die einzig mögliche Bekämpfung ist die biologische, die allerdings in Innenräumen oft nicht gerade ideal ist.

SCHNECKEN
Sie dringen zwar normalerweise nicht in Wohnungen ein, können aber an Wänden hochkriechen, um an Nutzpflanzen auf Fensterbänken und Balkonen zu gelangen. Manchmal sind sie auch im Erdreich neu gekaufter Gewächse versteckt. Schauen Sie tagsüber unter Töpfe, ob sich Tiere dort verkrochen haben. Mit einem Kupferband um Fensterkästen hält man sie fern.

Die Ernte haltbar machen

Bei der Indoor-Kultur ist nur selten mit einer **Gemüse- und Obstschwemme** zu rechnen – das meiste dürfte wohl frisch von der Pflanze weg verspeist werden. Trotzdem helfen Ihnen die **folgenden Rezepte** und Ideen, manches noch **lange nach dem Ernten** zu genießen.

Beim Lufttrocknen von Chilis wickelt man einen Faden um jeden Stiel und hängt die Schoten auf.

Methoden

Mit den folgenden Methoden machen Sie Ihre Ernte mit all ihren feinen Geschmacksnuancen und Farben monatelang haltbar. Damit das gelingt, müssen alle Arbeitsflächen und verwendeten Gegenstände absolut sauber sein.

Einmachen

Das meiste Obst sowie Wurzel- und Fruchtgemüse in diesem Buch kann zu Chutneys und Marmeladen verarbeitet werden. Suchen Sie sich einfache Rezepte – oft sind gleiche Mengen Obst- und Gelierzucker erforderlich, obwohl man bei manchen kalt gerührten Marmeladen auch mit weniger Zucker auskommt. Gläser und Deckel müssen abgekocht werden. Schließen Sie die Gläser nach dem Befüllen gut.

Einfrieren

Das Einfrieren ist eine wirkungsvolle Methode, Essbares haltbar zu machen. Kräuter und Blüten kann man in Eiswürfeln einfrieren. Füllen Sie dazu die leeren Fächer einer Eiswürfelschale mit gehackten Kräutern, geben Sie Wasser dazu und stellen Sie die Schale in das Gefrierfach. Bei Blüten reicht eine Blüte pro Fach. Eingefrorene Kräuter und Blüten sollten binnen zwei Monaten aufgebraucht werden.

Trocknen

Chilis kann man auf eine sonnige Fensterbank legen oder an einem trockenen, luftigen Platz zwei Wochen aufhängen. Um Tomaten an der Luft zu trocknen, braucht man einen sonnigen Platz in der Wohnung. Man halbiert die Tomaten, nimmt die Kerne heraus, pinselt sie mit Olivenöl ein und lässt sie mit einem Tuch bedeckt zwei bis vier Tage auf einem Drahtgitter liegen oder gibt sie 2–3 Std. bei 120 °C in den Ofen.

Marmelade wirft Falten, wenn sie fest ist.

Genug gekocht?
Schöpfen Sie mit einem Löffel einen Klecks auf einen kalten Teller und lassen Sie ihn einige Minuten abkühlen. Drücken Sie mit dem Finger darauf: Wirft die Marmelade Falten, ist sie fertig.

Kräuter einfrieren
Wer sehr viele Kräuter hat, friert sie wie oben beschrieben ein, gibt die Würfel in einen mit dem Datum beschrifteten Gefrierbeutel, legt sie erneut ins Gefrierfach und nimmt sie bei Bedarf heraus.

Tomatenhälften trocknen

Tomaten im Ofen trocknen
Man schneidet ein Kreuz in die Mitte jeder halbierten Tomate, bestreut sie mit etwas Salz und legt sie zum Trocknen im Herd auf ein Gitter.

Koch-tipps

Eingelegte Gurken, eingefroren

Dieses Rezept ist schnell und leicht gemacht. Es sorgt dafür, dass frische Gurken fest und knackig bleiben. Man kann sie in Salaten, Sandwiches, als Beilage zu Gegrilltem oder Zutat pikanter Speisen einsetzen. Sie halten sich im Gefrierfach bis zu sechs Monate. Einen Tag vor dem Verzehr werden sie aufgetaut. Binnen einer Woche sollten sie verwertet werden.

Zutaten
2 große Gurken, in dünne Scheiben geschnitten
1 mittelgroße Zwiebel oder 2 Schalotten, sehr dünn geschnitten
2 TL Meersalz
ca. 120 ml Apfel- oder Weinessig
ca. 30–60 g feinster Zucker
¼ TL Sellerie- oder Dillsamen
¼ TL Kurkuma, gemahlen
1 TL Senfkörner
¼ TL Chiliflocken (nach Belieben)

1 Gurke und Zwiebel bzw. Schalotten in eine große Schüssel geben und mit Meersalz würzen. Gut mischen und 2 Std. stehen lassen, damit das Salz das Wasser aus dem Gemüse zieht.

2 Gesalzenes Gemüse in ein Sieb geben und unter kaltem Wasser spülen. Gut abtropfen lassen, ggf. noch etwas Wasser herauspressen, dann in eine saubere, trockene Schüssel geben.

3 Nach Belieben mit Essig und Zucker anmachen, dabei gut verrühren. Gewürze dazugeben. Gut mischen, abdecken und über Nacht in den Kühlschrank stellen.

4 In eine Plastikdose geben, aber nur bis 1 cm unter den Rand füllen. Verschließen, mit Datum beschriften und einfrieren. Eingefroren sechs Monate haltbar.

Chutney aus Tomaten, Paprika und Chili

Aus roten – und grünen – Tomaten lassen sich fantastische Chutneys zubereiten. Die Chutneys halten sich in sterilisierten Gläsern bis zu neun Monate. Zum Sterilisieren spült man sie entweder in der Spülmaschine bei hoher Temperatur oder wäscht sie unter heißem Wasser aus, lässt sie umgedreht abtropfen und stellt sie anschließend in einen auf 140 °C erhitzten Ofen.

Zutaten
2 rote Gemüsepaprika, geschält
700 g reife Tomaten, geschält und entkernt
1 Zwiebel, grob gehackt
1–2 frische rote Chilis (nach Belieben)
225 g Kristallzucker
300 ml Weißweinessig

1 Um die Paprika gut schälen zu können, auf ein Backblech legen und bei 200 °C etwa 30 Min. im Ofen backen, bis sie leicht braun werden. Aus dem Ofen nehmen, in eine Plastiktüte geben und abkühlen lassen. Stiele entfernen, schälen, entkernen und grob hacken.

2 Tomaten zum Schälen 1 Min. in kochendes Wasser tauchen, dann schälen und entkernen.

3 Tomaten, rote Paprika, Zwiebel und Chilis in eine Küchenmaschine geben und kurz hacken, aber nicht pürieren (wahlweise mit der Hand hacken). Mischung in einen großen, schweren Edelstahl- oder Einwecktopf geben und Zucker und Essig dazugeben.

4 Bei kleiner Hitze unter ständigem Umrühren mit einem Holzlöffel kochen, bis sich der Zucker aufgelöst hat. Hitze hochdrehen, Mischung aufkochen, dann Temperatur herunterschalten und unter gelegentlichem Umrühren 60–90 Min. köcheln lassen, bis sie dickflüssig und marmeladenartig geworden ist. Gegen Ende die Hitze ggf. erhöhen, dabei aber ständig umrühren, um ein Anbrennen zu vermeiden.

5 Mischung mit einer Schöpfkelle in warme, sterilisierte Gläser füllen. Dabei darauf achten, dass sich keine Lufteinschlüsse in der Mischung bilden. Jedes Glas mit einer Wachspapierscheibe bedecken, mit dem Deckel verschließen und beschriften. Einen Monat an einen kühlen, dunklen Platz stellen, um das Chutney durchziehen zu lassen. Nach dem Öffnen kühl stellen und bald verbrauchen.

Bezugsquellen

PFLANZEN UND SAATGUT

Baker Creek
Unternehmen mit Sitz in den USA, das aber in alle Welt liefert. Riesige Auswahl von Saatgut, darunter auch ungewöhnliche und seltene Sorten.
Baker Creek Heirloom Seed Co.
2278 Baker Creek Road
Mansfield, MO 65704
USA
www.rareseeds.com

Baldur-Garten
Großer Anbieter mit umfassendem Angebot, darunter auch Saatgut.
Albert-Einstein-Allee 4-6
D-64625 Bensheim
Tel.: +49 (0)1805 1035-11
www.baldur-garten.de

Deaflora
Gärtnerei mit Versandhandel, die sich auf Obst, Gemüse und Kräuter spezialisiert hat und über 2000 Arten und Sorten anbietet. Schönes Angebot an Basilikum, Roten Beten, essbaren Blüten, Feigen und vor allem Erdbeeren.
Deaflora
Andrea Hellmich
Dr.-Wolff-Straße 6
D-14542 Werder/Glindow
Tel.: +49 (0)3327 57 15 19
www.deaflora.de

Gärtner Pötschke
Seit 100 Jahren bestehender Versand, der neben einer großen Auswahl von Samen auch Werkzeuge, Gefäße und anderes Zubehör führt.
Beuthener Straße 4
D-41564 Kaarst
Tel.: +49 (0)1805 86 11 00
www.poetschke.de

Kiepenkerl
Bekannter deutscher Saatgutanbieter, der mit seinen Samenpäckchen in vielen Gartencentern vertreten ist.
Bruno Nebelung GmbH & Co.
Freckenhorster Straße 32
D-48351 Everswinkel
Tel.: +49 (0)2582 6700
www.kiepenkerl.de

Lubera
In Deutschland und der Schweiz ansässiges Unternehmen, das eine große Auswahl an Obst und speziell Beeren, Gemüse und Kräutern anbietet. Europaweiter Versand.
Schweiz:
Lubera AG
Lagerstrasse
CH-9470 Buchs SG
Tel.: +41 (0)81 756 30 33
Deutschland:
Lubera GmbH
Im Vieh 8
D-26160 Bad Zwischenahn
Tel.: +49 (0)4403 984 75 90
www.lubera.com

Magic Garden Seeds
Trotz des englischen Namens ein deutsches Unternehmen, das viele alte und seltene Obst- und Gemüsesorten führt.
Magic Garden Seeds GmbH
Junkersstraße 7
D-93055 Regensburg
Tel.: +49 (0)94) 46 18 99 55
www.magicgardenseeds.de

Plant World Seeds
Hat ein riesiges Angebot an Sorten, schon allein mehrere Hundert Tomatenzüchtungen. Englische Website, aber weltweiter Verkauf.
Plant World Seeds
St. Marychurch Road, Newton Abbot, Devon, TQ12 4SE, GB
Tel.: +44 (0) 1803 872939
www.plant-world-seeds.com/

Semillas
Deutsches Unternehmen mit Sitz in Lanzarote, das ein großes Angebot an Chilisamen von mild bis höllisch scharf führt.
Semillas La Palma
Dr. Peter Merle
Calle Peru 8
E-35508 Costa Teguise
Lanzarote
www.semillas.de

Sperli
Altes Traditionsunternehmen mit mehreren Hundert Blumen-, Gemüse- und Kräutersamen.
SPERLI GmbH
Freckenhorster Straße 32
D-48351 Everswinkel
Tel.: +49 (0)2582 670 900
www.sperli.de

PFLANZGEFÄSSE

Blumentopf 24
Pflanzgefäße, Übertöpfe Kästen, Ampeln, Schalen und Untersetzer.
Connexion Handels GmbH
Dieselstraße 30-40
D-60314 Frankfurt am Main
Tel.: +49 (0)69 40 89 92 87 54
www.blumentopf24.de

Country Garden
Deutsches Unternehmen, das Pflanztöpfe, Hängekörbe, Wandkörbe und Übertöpfe für drinnen und draußen führt.
Country Garden
Marienberger Straße 10
D-56470 Bad Marienberg
Tel.: +49 (0)2661 9 40 52 43
www.country-garden.de

Pflanzkübel direkt
Große Auswahl an Pflanzgefäßen aller Art.
ambico GmbH
Deutschordenstraße 38
D-73463 Westhausen
Tel.: +49 (0)7363 40 99 001
www.pflanzkuebel-direkt.de

Weitere auf Pflanzgefäße spezialisierte Anbieter
www.villaterra.de
www.henschtke-keramik.de
www.lechuza.de
www.edelstahl-blumentoepfe.com
www.gkr-hydrokulturen.de
www.hydrokultur-design.de
www.wayfair.de
www.eleganteinrichten.de
www.lionshome.de

Register

Kursiv gesetzt sind lateinische Pflanzennamen z. B. *Allium* und *Capsicum*. Wird als Untereintrag mehr als eine Art oder Sorte genannt, ist der Pflanzenname abgekürzt.

A

B

C

R

Über die Autorin

Die Autorin, Herausgeberin und Journalistin Zia Allaway studierte Gartenbau und hat eine Reihe von Werken für die Royal Horticultural Society und DK verfassst, darunter *Ideen & Projekte für jeden Garten*. Ferner arbeitete sie gemeinsam mit Diarmuid Gavin an zwei von ihm verfassten Werken über Gartengestaltung. Zia hat eine monatliche Gartenkolumne im *Homes & Gardens Magazine* und ist Mitarbeiterin beim *Garden Design Journal*. Sie leitet ein Beratungsunternehmen im englischen Hertfordshire und bietet Kurse für Hobbygärtner an.

Dank

Dieses Buch ist eine Einheit aus Text, Gestaltung und Fotografien. Ich danke dem gesamten DK-Team für seine Liebe zum Detail. Besonderer Dank gilt Susannah Steel für ihre redaktionelle Unterstützung und Geduld, Grafikerin Sonia Moore, die Erstaunliches geleistet hat, als es darum ging, Pflanzen und Requisiten aufzutreiben und die Kultur etlicher Pflanzen zu koordinieren, sowie Fotograf Will Heap, der viele Kilometer gefahren ist, um die Bilder zu schießen.

Ein Dank geht ferner an Angela Wilkes, Chefredakteurin Dawn Henderson für ihren kritischen Blick, Alice Horne, die Grafiker/innen Alison Gardner, Rehan Abdul und Nicola Erdpresser, die dafür gesorgt haben, dass dieses Buch hervorragend gestaltet ist, Sarah Zadoorian für das Lektorat und Vanessa Bird für das Register.

Ein besonderer Dank gebührt Sally Harwood von Finchley Nurseries, die mithilfe des Eigentümers George Coleman geduldig viele der Indoor-Projekte umgesetzt hat, sowie Sheila Clements und dem Team von The Shaw Trust für die Betreuung einiger Pflanzen und Projekte.

Danke, Stephen und Serena Shirley von Victoriana Nurseries für Bilder und Rat, Aylett Nurseries für die Bereitstellung von Pflanzen und Dekor mit besonderem Dank an Kathy Sanger, Alexander Storch für seine Unterstützung beim Basteln, Alex Georgiou von der Espresso Mushroom Company für Hilfe und Rat und die herrlichen Austernpilzzuchtsets, Smithy's Mushrooms (smithymushrooms.co.uk) für die kostenlose Bereitstellung von Produkten, Elho für die Pflanzgefäße, Ryan Bailey und dem Team des Squires Garden Centre für die Überlassung von Pflanzen und Töpfen, Kezia von Conpot für das Ausleihen von Gefäßen, Habitat für die Zurverfügungstellung von Töpfen und Suttons Seeds für einige Samen und Pflanzen.

Zu Dank verpflichtet sind wir Katie Khakpour-Smith, Susie Davidson, Rosslyn Perkins und Caroline Day-Lewis, die ihre Wohnung zur Verfügung gestellt haben, und Light Locations. Dank auch an Max Moore für Dekor, Pflanzentransport und seine Hände. Zu guter Letzt danke ich meinem Mann Brian North für seine Geduld und Unterstützung und meiner Tochter Montana Allaway North für die Hilfe bei den Fotoaufnahmen.

HINWEIS

Stevia (S. 49) wird in vielen Ländern einschließlich der USA und Kanada zum Süßen von Tees und anderen Nahrungsmitteln verwendet. In der EU war es lange Zeit als Süßungsmittel verboten, inzwischen ist es aber als Zusatz für Lebensmittel zugelassen.